노력 혁명

Original Japanese title: DORYOKU KAKUMEI:
Raku wo Surukara Seika ga Deru! After GPT no Seichojutsu
Copyright©Yoichi Ito, Kazuhiro Obara, Gentosha 2024
Inner Illustrations Copyright©Ohno Fumiaki
All rights reserved.
Original Japanese edition published by Gentosha Inc.
Korean Translation Copyright©by Gimm-Young Publishers, Inc. 2025
Korean translation rights was arranged with Gentosha Inc. through
The English Agency (Japan) Ltd. and Danny Hong Agency.

노력 혁명

1판 1쇄 인쇄 2025. 10. 23.
1판 1쇄 발행 2025. 10. 30.

지은이 이토 요이치·오바라 가즈히로
옮긴이 최화연

발행인 박강휘
편집 김지수, 심성미 | **디자인** 유상현 | **마케팅** 이헌영 | **홍보** 이한솔, 강원모
발행처 김영사
등록 1979년 5월 17일(제406-2003-036호)
주소 경기도 파주시 문발로 197(문발동) 우편번호 10881
전화 마케팅부 031)955-3100, 편집부 031)955-3200 | **팩스** 031)955-3111

값은 뒤표지에 있습니다.
ISBN 979-11-7332-385-0 03190

홈페이지 www.gimmyoung.com   **블로그** blog.naver.com/gybook
인스타그램 instagram.com/gimmyoung   **이메일** bestbook@gimmyoung.com

좋은 독자가 좋은 책을 만듭니다.
김영사는 독자 여러분의 의견에 항상 귀 기울이고 있습니다.

노력 혁명

努力革命

이토 요이치 · 오바라 가즈히로

최화연 옮김

AI 시대,
느리게 배우지 말고 빠르게 복사하라

김영사

지금, 노력 혁명이 일어났다

챗GPT, 똑똑하게 활용하고 있습니까?

인간이 AI로 대체될까 봐 걱정된다고요?

단언컨대, 챗GPT는 인간이 편하고 즐겁게 성장하는 데 더없이 유용한 도구입니다. 챗GPT를 능숙하게 활용하는 '마법의 프롬프트prompt(AI와의 대화에서 인간이 입력하는 지시나 질문)'를 찾고 있습니까? 그런 노력은 아무 의미가 없습니다. 이리저리 휘둘리다가 당신의 에너지만 소모할 뿐입니다. 제대로 활용할 자신이 없다며 챗GPT에 막연한 거부감을 가지고 있나요? 몇 번 시도는 해봤지만 신통치 않은 답변에 실망하고 챗GPT를 멀리하고 있나요? 그렇다면 너무나 안타깝습니다.

이대로라면 AI가 판도를 완전히 뒤바꿔놓은 게임에서 도태될 가능성이 매우 큽니다. 정신없이 무언가에 쫓기듯 살아가는 일상 속에서 무심코 같은 방식을 반복하다 보면 새로운 일에 도전하기가 점차 어려워집니다. 새로운 아이디어를 내고 싶어도 완전하지 않은 단계에서 이야기를 꺼내면 상사에게 지적받을까 봐 섣불리 말을 꺼내지 못하고, 심지어 AI를 대할 때조차 이런 불안을 느낍니다.

한편, 다른 한쪽에서는 '논리적 사고logical thinking'처럼 이른바 두뇌를 십분 활용해 '경험'을 축적해가는 사람들에게 기회가 모여듭니다. 회의 준비에 똑같은 시간을 들여도 '센스'가 좋은 사람은 늘 남보다 먼저 자연스럽게 호응을 끌어냅니다. 이들의 공통점은 역량을 강화하고 성장을 가속하는 '무언가'를 가지고 있다는 점입니다. 챗GPT가 우리에게 제공하는 것이 바로 그 '무언가' 입니다.

챗GPT를 활용하면, 똑똑한 머리뿐만 아니라 경험도 센스도 복사할 수 있습니다. 이로써 누구나 편하고 즐겁게 더 많은 기회를 얻게 되었습니다. 더 정확하게 표현하자면, 앞으로는 편하고 쉽게 가지 않으면 성과를 낼 수가 없습니다. 기존 방식대로 힘들게 노력해서는 원하는 결과를 얻을 수 없습니다.

챗GPT의 등장으로 '노력 혁명'이라는 게임의 변혁이 일어났습니다. 여기서 핵심은 챗GPT는 엄격한 선생님도 상사도 아니라는 사실입니다. 완벽한 프롬프트를 입력하지 않아도 우선 대충 시작할 수 있는, 누구나 부담 없이 첫발을 뗄 수 있는, 무척이나 친근하고 우수한 툴이 챗GPT입니다.

이 책의 저자는 이토 요이치와 오바라 가즈히로입니다. 이토는 60만 부 이상 판매된 베스트셀러《1분 전달력1分で話せ》의 저자로, 대학의 기업가 육성 학부 학부장인데도 기숙사에 살면서 학생과 사회인이 건강하게 성장할 수 있게 꾸준히 실천적 노력을 기울이고 있습니다. 오바라는 이른바 'IT 오타쿠'로, 대학원에서 먹고 자며 AI 연구에 몰두하고 맥킨지, 구글, 라쿠텐의 집행임원으로서 늘 새로운 일에 힘을 쏟아왔습니다.

챗GPT는 노력의 방법뿐만 아니라 '성공'과 '성장'의 방식도 완전히 바꿔놓았습니다. 이런 변화의 물결을 따라 저자 두 사람도 각자의 방식을 대대적으로 수정해야 했습니다.《노력 혁명》은 그 과정에서 얻은 교훈과 요령, 생각을 기록하여 엮은 책입니다.

이 책에서는 AI가 세상에 불러온 3가지 거대한 변화, 개인의 성장을 둘러싼 6가지 변화를 이야기합니다. 변혁의 물결 속에서 도태되지 않고 게임체인저에 의한 흐름을 타고 즐겁게 성장하려면 어떻게 해야 할까요? 한번 읽고서 곧장 행동으로 옮길 수 있도록 변화의 요령과 실천 예시를 알기 쉽게 설명했습니다. 챗GPT를 나름대로 사용해본 사람이라면 '이런 건 알지!'라는 프롬프트 예시를 만날지도 모릅니다. 그때는 눈으로만 쭉 한번 훑고 빠르게 넘어가주세요.

이 책이 어떻게 당신의 성장을 도와줄지 그리고 어떤 성장의 변화를 만들어낼지 한눈에 알아보기 쉽게 다음과 같이 정리하였습니다.

이 책을 활용하여 기대할 수 있는 성장 효과

1. 챗GPT로 인한 3가지 거대한 변화를 이해한다.
2. 생각을 정리하는 대화 상대를 통해 '대강 묻기 → 차근차근 파고들기' 단계를 빨리 활용한다.
3. '논리적 사고'를 복사하여 내 것으로 만든다.
4. 전문지식이나 '경험'을 복사하여 내 것으로 활용

한다.

5. 창의적인 '센스'를 복사하여 내 것으로 활용한다.

6. 챗GPT 시대에 맞는 학습법을 익힌다.

7. 챗GPT가 복사할 수 없는 '중요한 것'을 간파한다.

8. '해야 한다'가 아니라 '하고 싶다'에서 시작한다.

9. 평범한 사람이 상상하지 못할 법한 높은 지점까지 오른다.

성장 변화 포인트

1. 혼자 끙끙대며 고민하기 → 말로 표현하며 생각하기

2. 마감 전날까지 머릿속이 백지 → 대략적인 느낌으로 상시 가동

3. 시야가 30퍼센트로 제한적 → 100퍼센트 탁 트인 시야로 일상이 발견의 연속

4. PDCA로 80점이 합격점 → DCPA로 120점짜리 창의력 발휘

5. 무난하게 주변의 정답에 맞추기 → 자신의 기준으로 결정하기

6. 엄두가 나지 않을 만큼 높은 계단 → 어느새 가장 높은 곳까지 도달

책이 제시하는 요령을 순서대로 따라 해도 되고 원하는 부분만 골라서 시도해도 됩니다. 모든 면에서 성장해야 한다는 부담은 내려놓아도 좋습니다. 좋아하는 부분에 초점을 맞춰서 챗GPT와 함께 성장하길 바랍니다.

차 례

챗GPT가 불러온

3가지

거대한 변화

변화 1.
이제 80점은 합격점이 아니라 시작점

2023년 11월, 마이크로소프트 365 코파일럿이 일본에서도 일반기업용 서비스를 시작했습니다. 코파일럿copilot은 '부조종사'라는 의미인데 마이크로소프트 코파일럿은 워드나 엑셀, 팀즈, 아웃룩 등 평소 흔히 사용하는 마이크로소프트 365 프로그램에 AI 지원 기능을 탑재한 것을 말합니다. 그런데 놀랍게도 마이크로소프트 코파일럿을 사용하면 굳이 프롬프트를 입력하지 않아도 생성형 AI가 알아서 대신 일을 해줍니다.

팀즈는 온라인 회의가 끝나면 AI가 회의록을 작성하고 아웃룩 캘린더나 업무 표에 각각의 역할에 맞는 '할 일 목록'을 생성합니다. 예를 들어 인사 채용 담당자가 관련 회의를 마쳤다면 "엔지니어 채용 강화에 관한 회의가 있었습니다" "이와 관련하여 채용 시장을 조사할 필요가 있습니다"라는 식으로 AI가 알려주는 것입니다. 이뿐만 아니라, "어째서 엔지니어 채용을 강화해야 하는가?"라고 물으면 AI는 회의록을 토대로 그에 대한 답을 내놓습니다.

마이크로소프트 코파일럿 외에도 노션Notion이나 깃허브GitHub 등 이미 여러 비즈니스 툴에 생성형 AI가 탑재되어 있어서 별도로 지시를 내리지 않아도 우리가 할 일을 한발 먼저 처리해줍니다. 예를 들어 회의에서 A사의 프레젠테이션이 결정되었다면, 'A사 프레젠테이션'이라는 항목이 자동으로 달력에 표시됩니다. 항목을 클릭하면 지난번 A사와의 협의 내용을 AI가 요약해서 보여주고 그 자료를 기초로 프레젠테이션 자료의 초안까지 만들어줍니다.

이제 우리가 할 일은 AI가 만든 초안에서 알맞은 자료를 선택하고, "이 견적 수치가 적절할까? 타사 가격 동향을 알아봐줘" 하고 AI에게 세세한 부분을 조정하게 한 다음, 실제로 A사에 방문하는 것뿐입니다.

이제 100점 만점에서 80점 수준까지의 작업은 AI가 알아서 처리하는 셈입니다. 지금껏 화이트칼라라 불리는 직종의 사람들 상당수는 '80점까지의 업무'를 해왔습니다. 회의록 작성이나 일정 조정, 시장 조사, 자료 작성과 같은 작업에 시간과 노력을 쏟고 상사의 판단을 구하는 것이 업무의 대부분이었습니다. 설령 그런 자세만으로는 경영진까지 오르지 못한다 해도, '80점까지' 일해서 상사의 지시를 따르면 어쨌거나 월급은 나왔습니다.

그런데 이런 작업을 AI가 대신하면 이제 80점은 합격점이 아니라 그저 시작점으로서 시합에 나갈 수 있는 참가 자격일 뿐입니다. 자연히 진정한 승부는 80점에서 어떻게 100점까지 올릴 것인가, 나아가 120점에 도달할 수 있느냐 없느냐로 판가름 납니다.

일본의 기업 리쿠르트 홀딩스Recruit Holdings는 서비스를 설계할 때 '당연한 가치' '설레는 가치'라는 표현을 사용합니다. '당연한 가치'는 기본적으로 충족해야 하는 기준입니다. 고객에게 무언가를 제안할 때 고객이 요구한 조건은 당연히 충족해야 하며 여기에서 실점해서는 안 됩니다. 고객이 제시한 요건은 물론이고 나아가 고객이 "우와!" 하고 감탄할 만한 수준으로 끌어올려야 비로소 고객을 팬으로 만들 수가 있습니다. 그때 얼마나 적은 시간과 노력으로 당연한 가치를 달성하고 설레는 가치에 주력하는지가 관건이 됩니다. 이런 사고방식이 바로 리쿠르트 홀딩스가 가진 강점의 원천입니다.

여기서 챗GPT가 당연한 가치를 처리해주면 당연히 주요 승부처는 설레는 가치가 되겠지요. 고객에게서 얼마나 많은 "우와!"를 끌어내느냐, 고객을 열성 팬으로 만들 수 있느냐 없느냐의 경쟁이 시작됩니다. 상황이 이러하면 우수함의 정의도 달라집니다. 지금까지는 다음과 같은 사람을 우수하다고 여겼습니다.

- 주어진 문제에 옳은 답을 내놓는 사람
- 지시받은 업무를 착오 없이 해내는 사람
- 규칙을 이해하고 철저하게 지키는 사람
- 다양한 지식을 암기하고 논리적으로 조합하여 사고하는 사람

그러나 이런 능력은 말 그대로 챗GPT의 특기이니 이제 챗GPT에게 시키면 됩니다. 앞으로 인간에게 요구되는 역할은 '기본값을 잘하는 것'이 아니라, 그 위에 무엇

을 더 얹을 수 있는가에 있습니다. 앞으로 우리는 당연한 가치가 충족된 지점에서 시작하여 얼마나 많이 설레는 가치를 만들어내는지로 우수함을 평가받게 됩니다.

변화 2.
모든 것을 개인에게 맞춤화

챗GPT의 특징 중 하나는 '개별화'입니다. 이를테면 "신NISANippon Individual Savings Account(일본 소액 투자 비과세 제도)가 뭐야?"라고 챗GPT에게 질문하면 일반적인 답을 내놓지만, "초등학생도 이해할 수 있게 설명해줘"라고 요청하면 더 쉬운 표현으로 다시 답변합니다. 또한, "이미 iDeCoindividual-type Defined Contribution pension plan(개인형 연금 펀드)를 하고 있는 사람이 신NISA를 시작할 때 주의할 점이 있어?" 하고 질문자의 상황에 맞춰서 질문하면 얼마든지 개별적인 답을 얻을 수 있습니다.

챗GPT의 개별화라는 특징을 학교 교육에 응용해보면 어떨까요? 지금까지는 한 반에 35명이 모여서 똑같은 수업을 받는 것을 당연하다고 여겼습니다. 하나로 통일된 학습 속도를 따라가지 못하면 뒤떨어지는 아이라는 낙인이 찍히고, 반대로 학습 속도가 남보다 빠른 경우에도 진도를 앞서 나가지 못하고 다른 사람을 기다릴 수밖에 없었습니다.

하지만 챗GPT의 등장이 이런 통념을 크게 바꿔놓았습니다. 챗GPT를 선생님으로 두면 교과 내용에 이해가 안 되는 부분이 있을 때 "여기가 조금 어려운데, 초등학교 2학년도 알 수 있게 설명해줘"라고 요청하여 이해가 될 때까지 몇 번이든 다시 설명을 들을 수 있습니다. 학습 진행 상황이나 흥미도에 따라 챗GPT가 개인별 맞춤 계단을 특별히 제작해주므로 누구나 계단을 오르기가 쉬워집니다.

지금까지는 정해진 계단 높이에 나를 맞춰야 했습니다. 하지만 챗GPT를 사용하면 나에게 맞춰 계단 높이를 바꿀 수 있습니다. 학교 교육뿐만이 아닙니다. 비즈니스 현장에서도 "능력과 적성이 다른 100명에게 맞춰서 100개 버전의 매뉴얼을 만들어줘"라는 요청이 가능해집니다. 1,000명의 고객이 있으면 1,000명 개개인에 맞춘 홍보용 메일을 작성할 수도 있습니다. 이처럼 챗GPT를 활용한 개별화는 비즈니스와 사회의 방식을 완전히 바꾸고 있습니다.

변화 3.
'정답 찾기'에서 '수정을 거듭하기'로

이제껏 우리는 '모든 일에는 정답이 있다'라는 전제 아래 살았습니다. 명문대를 나와 대기업에 들어가는, 소위 정답이라 불리는 코스를 따라 무난하게 나아가는 사람을 성공한 사람으로 여기는 사회였습니다. 확실히 지금까지는 정답이 있었습니다. 예를 들어 자동차를 만드는 데는 무엇보다 '실수'가 없어야 합니다. 디자인이 아무리 뛰어나도 브레이크가 말썽이면 자동차로서 실격입니다. 얼마나 실수 없이 품질 높은 서비스를 제공하느냐를 중요시하는 사회였기 때문에 최단 거리로 정답에 도달하는 능력이 필요했습니다. 이렇게 단번에 정답을 찾아야 한다는 사고방식, 이른바 '정답주의'가 전후 일본 사회에서 살아남는 방식이었습니다.

그러나 생활 곳곳에 침투해 있는 AI가 80점짜리 답안을 사람보다 한발 앞서 내놓는 지금, 이제 정답을 찾는 힘만으로는 이길 수가 없습니다. 앞으로는 수정을 반복하면서 더 나은 것, 모두가 만족할 만한 것을 얼마나 만들어내는지가 중요합니다.

리쿠르트 홀딩스의 초대 회원이자 도쿄도 최초로 공립 중학교의 민간인 교장으로 채용된 무사시노 EMC(무사시노대학 기업가 육성 학부) 후지하라 가즈히로 교수는 이런 현상을 '정답주의에서 수정주의로의 변화'라고 표현합니다.

다시 말해, 앞으로는 반드시 한 번에 정답을 찾아내려는 사람보다 처음엔 불완전하더라도 몇 번이고 다시 궤도를 수정하며 더 나은 답을 찾아가는 사람이 훨씬 유리하다는 의미입니다. 기존의 정답주의에서 벗어나지 못하면 AI의 특기 분야에서 AI와 경쟁하게 되므로 아무리 노력해봤자 성과는 얻지 못하고 피폐해질 수밖에 없습니다. 이런 사회에서는 궤도 수정을 반복하면서 더 나은 답을 찾는 사람에게 무궁무진한 기회가 펼쳐집니다.

- "이것 좋다!" "재미있다"라고 표현하는 사람
- "어려움이 있어도 이 일을 꼭 하고야 말겠다"라고 단호하게 말하는 사람
- 두루두루 무난하게 잘하기보다 특정 분야에서 압도적으로 뛰어난 사람

이미 많은 사람이 다음과 같이 변화의 조짐을 느끼고 있을 테지요.

- 명문대를 나와 치열한 경쟁을 뚫고 방송국에 입사한 사람보다 유튜브 같은 플랫폼에 참신하고 매력적인 콘텐츠를 업로드하는 사람이 더 큰 사회적 성공을 거둔다.
- 성공한 기업가를 보면 어딘가 약간 비상식적인 면이 있는 별종이 많은 한편, 성실하고 착한 사람일수록 장시간 노동에 몸을 혹사하는 경향이 있다.
- 성실하게 공부하여 회사에 들어가 출세한다고 해도 사는 데 지장이 없는 생활이 지속될 뿐 충분한 보상이 따르진 않는다.

변화된 사회에서 활약하는 사람들의 공통점을 꼽자면, '정답 찾기'의 속박을 일찌감치 벗어던지고 자기가 '좋아하는 것'을 추구한다는 점입니다. 동영상과 소셜미디어의 보급이 불러온 최근 10년간의 변화는, 생성형 AI의 등장을 계기로 시작된 불가피한 변화로서 사회에 정착하고 있습니다.

이런 변화는 지금껏 일본이 상식이라 여긴 것과는 정반대입니다. 지금까지는 평범한 사람이 일의 경험을 쌓고 요령과 센스를 습득하려면 어느 정도 시간을 들여 꾸준히 노력해야만 했습니다. 그러나 챗GPT를 사용하면 누군가의 일머리, 경험, 센스를 간단히 복사하여 내 것처럼 활용할 수가 있습니다. 요컨대, 개인이 성장하는 데 필요한 노력의 방법 자체가 달라졌다는 뜻입니다.

이 책은 기존 상식의 굴레를 벗어버리고 생각을 새롭게 전환하는 방법을 다룹니다. 제1장부터 제4장까지는 챗GPT를 사용하여 뛰어난 일머리, 경험, 센스를 복사하는 구체적인 방법을 소개합니다. 제5장에서는 챗GPT 시대에 필요한 학습 방법을 설명합니다. 제6장부터 제8장까지는 '챗GPT가 복사할 수 없는 힘'을 기르는 법에 관해 이야기합니다.

제 1 장

챗GPT와
벽 무너뜨리기

챗GPT로
명쾌해지는 5단계

이 책은 챗GPT의 다양한 활용법이나 그대로 복사해 붙여넣는 마법의 프롬프트를 소개하지 않습니다. 챗GPT의 최신 활용법을 소개하는 양질의 동영상이나 기사, 잡지와 서적은 온·오프라인에서 쉽게 접할 수 있으므로 각자 필요에 따라 해당 콘텐츠를 참조하길 바랍니다.

이 책에서는 챗GPT를 자신의 생각을 명료하게 정리하는 대화 상대로 활용할 것을 제안합니다. 벽을 향해 공을 치고 돌아오는 공을 되받아치면서 랠리를 펼치듯이, 챗GPT에게 묻고, 대답을 듣고, 그 답에 대한 생각이나 질문을 입력해 다시 받아치는 과정을 반복하는 것입니다. 이는 자기 생각을 정리하여 새로운 아이디어를 얻거나 문제의 해결책을 찾는 프로세스입니다. 우리는 이 과정을 통해 눈앞을 가로막고 있던 벽을 무너뜨리고 새로운 풍경을 마주할 수 있습니다. 이때 챗GPT는 단연 최적의 대화 상대입니다.

챗GPT와의 랠리는 IT에 서툰 사람도 지금 당장 시작할 수 있으며 어떤 일에서든 유용합니다. 이뿐만 아니라 최신 활용 팁이나 프롬프트를 활용해 챗GPT를 십분 활용하기 위해서 꼭 알아둬야 할 기본 사용법이기도 합니다. 챗GPT는 공을 주고받으며 생각을 다듬는 상대로 이용할 때 제 실력을 최대로 발휘합니다. 챗GPT와의 랠리는 구체적으로, '대강 묻기 → 차근차근 파고들기'의 5단계로 이루어집니다.

1. 우선은 대강 묻는다.
2. 문제를 잘게 쪼갠다.
3. 챗GPT와 공을 주고받으며 해결의 실마리를 얻는다.
4. 범위를 좁힌다.
5. 차근차근 질문을 반복하며 파고든다.

챗GPT는 정답을 찾는
도구가 아니다

챗GPT와의 랠리를 시작하기 전에 짚고 넘어갈 점이 있습니다. 바로 챗GPT와 기존 검색 엔진과의 차이입니다. 챗GPT가 등장할 때 미디어에서 '앞으로 검색의 미래가 달라진다'라는 등 다소 자극적으로 보도하기도 해서 많은 사람이 챗GPT를 검색 엔진의 진화된 버전쯤으로 생각합니다. 하지만 챗GPT는 구글 같은 검색 엔진과는 전혀 다릅니다. 생성형 AI와 검색 엔진과의 차이를 한마디로 정리하자면 다음과 같습니다.

- 검색 엔진: 지금 있는 정보에서 찾는다.
- 생성형 AI: 지금 없는 것을 만든다.

기존 정보에서 답을 찾아내는 검색 엔진과 달리, 챗GPT 같은 생성형 AI는 기존 텍스트나 동영상 등의 데이터로 학습한 정보에 기반해 새로운 콘텐츠를 생성합니다. 그러므로 단순히 정답을 찾는 것이 목적이라면 오히려 검색 엔진을 사용하는 편이 빠를 때가 많습니다. 정답을 찾으려는 목적만으로 챗GPT를 사용하면 그 진가를 끌어내지 못합니다.

챗GPT는 정답을 검색하는 도구가 아니라 대화(채팅) 하면서 새로운 것을 함께 만들어내는 '공동 창조'의 도구입니다. 여기에는 검색 엔진과 생성형 AI가 각기 다른 특징을 가진 도구라는 것 이상의 의미가 있습니다. '검색 엔진에서 생성형 AI로의 이동'이라는 트렌드는 사회의 전제 자체가 '정답 찾기'에서 '새로운 것을 창조하기'로 변화하고 있음을 보여줍니다.

1단계.
우선은 대강 묻기

그럼, 챗GPT와의 랠리로 벽을 무너뜨리는 방법에 대해 살펴보겠습니다. 챗GPT에게 공을 보내는 첫 번째 요령은 '우선은 대강 묻기'입니다.

Q | 경력을 개발하는 데 어떤 요소가 중요할까?

이 정도로 대략적인 질문이면 됩니다. 이런 질문을 던지면 다음과 같은 대답을 얻을 수 있습니다(챗GPT의 대답은 매번 달라지므로 아래 답변은 하나의 예시입니다).

A | 경력을 개발하기 위해서는 여러 가지 요소가 중요하지만,

다음 몇 가지 핵심 요소가 특히 중요합니다.

1. **목표 설정**: 우선 어떤 경력을 개발하고 싶은지, 어떤 포지션을 희망하는지가 분명해야 합니다. 명확한 목표가 없으면 나아갈 방향을 설정하기가 어렵습니다.

2. **기술 획득과 향상**: 경력을 개발하기 위해서는 필요한 기술을 익혀야 합니다. 자기계발서 읽기, 온라인 강좌 수강, 실무 경험 축적 등으로 관련 기술을 발전시키는 노력이 필요합니다.

3. **커뮤니케이션 능력 향상**: 커뮤니케이션 능력은 어느 직종이든 굉장히 중요하게 작용합니다. 커뮤니케이션 능력이 향상되면 상사나 동료와의 원만한 커뮤니케이션이 가능하여 업무 효율이 개선되고 팀 전체의 평가도 높아집니다.

4. **인적 자원 구축**: 네트워킹은 경력 개발에서 굉장히 중요한 요소입니다. 업계 동료와의 교류를 통해 정보를 교환하거나 의지가 될 만한 인맥을 구축할 수 있습니다.

5. **리더십 발휘**: 리더십은 경력을 개발하는 데 중요한 역할을 합니다. 팀을 리드하고 프로젝트를 성공으로 이끄는 능력을 익힐 필요가 있습니다.

6. **유연성과 적응력**: 업무 환경이나 업계는 끊임없이 변화

합니다. 그러므로 유연하게 변화에 적응할 수 있는 능력이 중요합니다. 새로운 기술과 업무 방법에 대한 열린 자세가 경력 개발로 이어집니다.

7. 셀프 마케팅: 자신의 강점이나 실력을 타인에게 어필하는 능력도 중요합니다. 이력서나 면접 등에서 자신을 효과적으로 어필하는 능력은 경력 개발에 커다란 영향을 미칩니다.

이런 요소를 골고루 조합하여 착실하게 경력을 쌓아가야 합니다.

2단계.
문제를 잘게 쪼개기

대강의 질문으로 큰 그림이 그려지고 어느 정도 감을 잡았다면 다음은 문제를 잘게 쪼개는 단계입니다. 앞의 챗GPT 답변을 보고 '나는 커뮤니케이션 기술을 강화해야겠다'라는 생각이 들었다면 이어서 다음과 같이 질문합니다.

Q 직장에서 필요한 커뮤니케이션 기술에 대해서 알려줘.

그러면 한층 자세한 답변이 돌아옵니다.

A 직장에서 필요한 커뮤니케이션 기술은 다양하지만, 그중에서도 다음과 같이 몇 가지 특히 중요한 요소가 있습니다.

1. 명확한 표현력: 의견이나 아이디어를 명확하게 전달하는 능력은 매우 중요합니다. 복잡한 정보를 간결하게 정리하고 상대를 이해시키는 커뮤니케이션이 요구됩니다.

2. 능동적으로 듣기: 직장에서는 타자의 의견이나 피드백을 이해하고 존중하는 자세가 중요합니다.

3. 적절한 피드백 제공: 상사나 동료에게 피드백을 적절하게 제공할 필요가 있습니다. 구체적으로 건설적인 피드백을 제공하여 상대의 성장과 업적 향상에 공헌할 수 있습니다.

4. 공감하기: 직장에서는 상대의 입장이나 감정에 공감하고 배려하는 태도가 요구됩니다. 상대에게 공감하며 신뢰 관계를 구축할 필요가 있습니다.

5. 효과적인 팀 커뮤니케이션: 팀 내에서 협업이 요구될 때는 효과적인 팀 커뮤니케이션이 꼭 필요합니다. 업무 분담, 진행 상황 공유, 의견 교환 등을 원만하게 진행하기 위한 커뮤니케이션 기술이 요구됩니다.

6. 스트레스 관리: 직장에서는 스트레스나 부담감을 느끼는 일이 종종 발생합니다. 스트레스를 적절하게 관리하여 냉정하게 사고하고 안정적인 커뮤니케이션을 유지하는 것이 중요합니다.

7. 유연성과 적응력: 직장 환경은 늘 변화합니다. 유연성을

> 가지고 변화에 대응하여 환경에 적응할 수 있는 커뮤니케이션 기술도 필요합니다.
>
> 이러한 기술을 갖추어 직장에서 효과적으로 커뮤니케이션하면 경력 개발에 있어 긍정적 영향을 기대할 수 있습니다.

대략적인 질문으로 큰 그림을 그린 다음, 챗GPT에게서 돌아온 대답 중 어떤 부분에 집중할지 살펴보고 그 부분을 더 깊게 파고들어 가는 식으로 문제를 잘게 쪼개는 프로세스입니다. 여기서 포인트는 '처음부터 완벽한 질문을 할 필요가 없다'입니다.

이는 컨설턴트가 구사하는 문제 해결 방식과 기본적으로 동일합니다. 컨설턴트는 '20퍼센트·80퍼센트'라는 개념을 즐겨 씁니다. 전체의 80퍼센트에 영향을 미칠 만한 문제의 핵심, 즉 20퍼센트에 우선 집중함으로써 문제 해결을 향해 나아가는 방법입니다. 이런 과정을 반복하면서 해결의 실마리를 발견해갑니다.

3단계.
랠리 펼치기

추GPT와의 대화를 통해 문제가 잘게 쪼개졌다면 계속해서 질문을 이어갑니다.

Q │ 각 기술을 습득하는 구체적인 방법을 가르쳐줘.

그러면 아래와 같은 답이 돌아옵니다.

A │ 각 커뮤니케이션 기술을 습득하는 구체적인 방법은 다음과 같습니다.

│ **1. 명확한 표현력**

- 프레젠테이션 연습: 자신의 아이디어나 의견을 타인에게 전달하기 위해서 정기적으로 프레젠테이션 연습을 시행합니다.
- 글쓰기 훈련: 메일이나 보고서 등 문서 작성 연습을 통해 자기 생각을 명확하게 표현하는 능력을 향상시킵니다.

2. 능동적인 듣기

- 적극적인 경청 연습: 화자에게 집중하고 내용을 이해하기 위해 적극적으로 질문하거나 요약하는 연습을 합니다.

3. 적절한 피드백 제공

- 구체적인 피드백: 구체적인 사례나 행동에 피드백을 제공하고 장단점을 명확하게 전달합니다.
- 개선점 제안: 문제점을 지적하는 데서 그치지 않고 개선안이나 해결책 등 더 유익한 피드백을 제공합니다.

4. 공감하기

- 상황을 이해하기: 상대의 입장이나 감정을 이해하기 위해 상황과 배경을 고려하는 연습을 합니다.
- 공감을 표현하기: 상대의 감정과 입장에 공감하고 적절한 배려와 지지를 표현하는 연습을 합니다.

5. 효과적인 팀 커뮤니케이션

- 팀 커뮤니케이션에 참여: 팀 커뮤니케이션이나 토론에 적

극적으로 참여하고 자신의 의견을 적극적으로 표명합니다.

- 협업 연습: 팀원과 협업하며 효과적인 커뮤니케이션 기술을 기릅니다.

6. 스트레스 관리

- 스트레스 경감 기술: 마인드풀니스, 심호흡처럼 마음을 차분히 하는 기술로 스트레스를 줄이는 연습을 합니다.
- 효율적인 시간 관리: 업무의 우선순위를 매겨서 적절한 휴식을 취해 스트레스를 줄입니다.

7. 유연성과 적응력

- 변화를 대하는 긍정적인 자세: 새로운 기술과 방법을 익혀 자신의 역량을 확대해 유연성과 적응력을 기릅니다.

이런 방법을 실천하며 각 커뮤니케이션 기술을 효과적으로 향상할 수 있습니다.

답변 내용 중 관심이 가는 항목이 있으면 아래와 같이 추가로 질문을 해봅니다.

Q | 프레젠테이션 기술을 일주일 만에 습득하기 위한 커리큘럼을 만들어줘.

문제를 잘게 쪼개야 문제가 어디에 있는지 보입니다. 문제가 무엇인지, 어디에 있는지 파악하면 해결의 실마리를 발견하기 쉽습니다.

예를 들어 회사 실적이 영 좋지 않은데 어떻게 해야 할지 혼자서 아무리 생각해도 뾰족한 방법은 떠오르지 않습니다. 질문이 너무 크기 때문입니다. 우선 실적을 매출, 비용, 이익 등으로 크게 나누어 파악한 다음 그것을 다시 사업 부서별, 지역별, 고객 속성별, 계절별 등으로 잘게 쪼갭니다. 그러다 보면 'B 사업부의 영업 이익이 낮구나' '특히 광고 비용이 늘었구나' '광고는 많이 하는데 매출로 이어지지 않는구나' 하고 문제들이 명확하게 보이기 시작합니다. 문제를 이 정도의 해상도까지 잘게 나누면 'B 사업부의 마케팅 방식을 재고해야겠다'라는 해결책이 자연스럽게 떠오릅니다.

4단계.
압축하기

여기까지는 챗GPT를 사용해서 문제 해결에 다가가는 기본적인 질문법입니다. 그런데 이로써는 무난한 대답만 얻을 가능성이 크므로 '챗GPT, 별거 아니네'라고 생각할지도 모릅니다. 챗GPT를 현명하게 활용하는 요령의 핵심은 바로 다음 단계인 압축하기, 즉 '전제와 제약 조건 추가'에 있습니다.

1단계를 적용해 '대충' 물으면 챗GPT는 최대한 대중적인 답을 내놓습니다. 거기에 전제와 제약 조건을 추가하면 더욱 바람직한 대답을 끌어낼 수 있습니다. 여기서 말하는 전제는 캐릭터와 장면 설정입니다. 전제가 명확하면 챗GPT는 그에 맞는 답을 만들어냅니다.

전제에 활용하기 좋은 예시

① 자신의 역할을 설정한다

- 나는 제조 회사의 X(옛 트위터) 계정을 운영하고 있어
- 나는 상품을 개발하기 위해 아이디어를 찾고 있어

② 챗GPT의 역할을 설정한다

- 너는 매우 실력 있는 마케터야
- 너는 출판 전문 편집자야
- 너는 ○○의 전문가야

③ 타깃을 설정한다

- 독자는 40대 남성 직장인이야
- 메일 수신자는 거래처 담당자야
- 설명을 듣는 사람은 초등학생이야

어떤 아웃풋이 필요한지 제약 조건을 구체적으로 입력하면 원하는 대답을 얻기 쉬워집니다.

제약 조건으로 활용하기 좋은 예시

① 대답의 가짓수를 설정한다

- ○○의 이유를 10가지 알려줘
- ○○의 장점을 5가지 알려줘
- ○○의 배경을 3가지 알려줘

② 글자 수를 설정한다
- 140자 이내로 대답해줘
- ○○을 주제로 책을 쓰고 싶어. 챕터를 어떻게 구성하면 좋을지 알려줘. 각 챕터의 내용을 300자 이내로 정리해줘
- ○○을 하는 데 중요한 요소를 항목별로 정리해줘
- ○○을 하는 데 중요한 요소를 트리 구조로 정리해줘

③ 용도를 설정한다
- 업무용 메일 형식으로 다시 작성해줘
- ○○을 하기 위해 해야 할 일 목록을 작성해줘
- ○○의 순서를 5단계로 정리해줘

④ 다른 관점을 알아본다
- 가능한 한 다양한 관점에서 고려해줘
- 나는 ○○에 대해 ○○라고 생각하는데 다른 관점

이 있다면 알려줘

⑤ 구체화, 추상화한다

• 위의 대답 중에서 ○○에 대해 구체적으로 설명해줘

• ○○에 관한 구체적인 사례를 10개 만들어줘

• ○○을 추상화해줘

5단계.
차근차근 파고들기

전제와 제약 조건을 처음부터 프롬프트에 넣을 필요는 없습니다. 챗GPT에게 우선 대강 물어본 다음, 전제와 제약 조건을 추가하면서 답변의 정밀도를 차근차근 높여가면 됩니다. 그럼 자신이 원하는 대답에 다가가며 사고가 깊어질 수 있습니다. 접근 방식을 조금씩 바꿔보는 것입니다. 챗GPT의 특징 중 하나가 대답의 연속성입니다. 알아서 앞의 질문과 답을 토대로 대화를 이어가므로 우선은 대략적으로 질문한 다음, "○○에 대해서 더욱 자세하게" "위의 대답 중에서 ○○에 대해 구체적으로" 하는 식으로 질문을 추가합니다.

챗GPT의 또 하나의 특징은 몇 번이든 다시 대답해준

다는 것입니다. 답변 내용이 딱히 와닿지 않을 때는 재생성regenerate 버튼을 눌러도 좋습니다. 같은 프롬프트여도 다른 답변을 제공합니다. 챗GPT는 대량의 텍스트 데이터에서 패턴을 학습하여 대답하도록 설계되어 있습니다. 재생성 버튼을 누르면 챗GPT는 같은 질문에도 조금씩 패턴을 바꿔서 대답해줍니다. "더 자세하게 가르쳐줘" "더 간단하게 설명해줘" 하고 입력하면 자신에게 맞는 답이 나올 때까지 몇 번이고 다시 답을 얻을 수 있습니다. 확률론으로 작동하므로 같은 질문을 반복하면 다른 답변이 어느 정도 랜덤으로 돌아옵니다.

처음에 대략적으로 질문할 때 "이유를 10가지 알려줘"처럼 다소 많은 답변을 요구하는 방법도 추천합니다. 챗GPT를 현명하게 사용하기 위한 철칙, '처음부터 한 번에 정답을 찾으려 하지 않는다'를 늘 명심할 필요가 있습니다. '대충 묻기 → 차근차근 파고들기 5단계'를 상황에 따라 자유롭게 조정하고 여러 번 반복하면서 최선의 답변을 찾아보세요.

후카쓰식 프롬프트
참고하기

챗GPT가 공개된 이래 다양한 프롬프트가 소개되었지만 그중 특히 범용성이 높고 활용하기 쉬운 방식은 노트note CXO(최고경험책임자) 후카쓰 다카유키 씨가 고안한 '후카쓰식 프롬프트'입니다(명령서 → 제약 조건 → 입력문 → 출력문).

후카쓰식 프롬프트 입력 예시문

Q #명령서:

너는 출판 전문 편집자야. 아래의 제약 조건과 입력문을 토대로 한 최고의 요약문을 출력해줘.

#제약 조건:

글자 수는 300자 정도. 초등학생도 이해할 수 있게. 중요한 키워드는 남기기. 문장을 간결하게.

#입력문:

(요약할 텍스트를 넣는다.)

#출력문:

후카쓰식 프롬프트는 높은 편의성을 바탕으로 챗GPT 활용 시의 기본 프롬프트로 완전히 자리를 잡았습니다. 기본 사고방식은 앞에서 소개한 '대강 묻기 → 차근차근 파고들기 5단계'와 동일합니다.

"사과에 대해 알려줘"라고 챗GPT에게 물어보면 이런 답이 나옵니다.

A   사과에 대해 알고 싶으시군요. 사과에 대한 주요 정보는 다음과 같습니다.

1. **기원과 역사**: 사과는 중앙아시아에서 기원하여 전 세계로 퍼졌습니다. 최초의 사과는 야생종이며 몇천 년 전부터 재배되기 시작했습니다.

2. **종류**: 사과는 다양한 품종이 있으며 대표적으로는 홍옥,

황옥, 후지, 그래니 스미스, 허니 크리스프 등이 있습니다. 품종마다 형태, 색, 맛에서 차이가 납니다. (이하 생략)

이처럼 챗GPT는 사과를 과일의 의미로 설명합니다. 일반적으로 사과라 하면 과일을 가장 먼저 떠올리기 때문에 챗GPT는 확률이 가장 높은 무난한 대답을 내놓는 것입니다. 그러나 우리가 사과에 대해 알고자 할 때는 다양한 맥락이 있습니다. 뉴턴의 사과, 구약성서의 아담과 이브가 먹은 사과, 애플의 브랜드 로고인 사과 등 과일로서의 사과만 있는 것이 아닙니다. 구약성서에 등장하는 사과에 대해 알고 싶은데 과일로서의 사과에 대한 설명을 들어봤자 도움이 되지 않겠지요. 그래서 처음에 다음과 같이 질문하면 원하는 답에 더 빨리 다가갈 수 있습니다.

Q | 종교에서 사과는 무엇을 의미할까?

이때 "종교에서"라는 부분이 후카쓰식 프롬프트 명령서의 "너는 ○○이야", 즉 명령서에 해당합니다. 앞에서 살펴본 '대충 묻기 → 압축하기 1~4단계'까지를 맨 처음부터 일정 부분 삽입하고 시작하는 것이 후카쓰식 프롬프트입니다. 프롬프트를 다양하게 사용해보며 챗GPT의 답변 방식에 익숙해지면 자신이 원하는 답에 더 빠르게 도달할 수 있습니다.

하지만 처음엔 느슨한 질문으로 시작해도 됩니다. "사과에 대해서 알려줘"라고 챗GPT에 질문하고 나서 과일로서의 사과에 대한 설명을 보고 나면 '아, 내가 알고 싶은 건 아담과 이브의 사과구나' 하고 깨닫기도 합니다. 적확한 질문을 해야 한다는 부담감 때문에 시간을 지연하기보다 일단 공을 던져서 랠리를 시작해보는 편이 효율적입니다.

챗GPT를 사용할 때
주의할 점 3가지

챗GPT는 빠르게 진화하고 있지만 아직 완전하지 않습니다. 활용 시 명심해야 할 점이 몇 가지 있습니다. 실제로 적지 않은 사용자가 다음과 같은 상황을 경험합니다.

가끔 거짓을 말한다

챗GPT는 어떤 질문을 해도 문맥에 맞게 그럴듯한 답변을 내놓습니다. 다만, 대답 중에는 정확하지 않은 정보도 포함되어 있습니다. AI가 잘못된 정보를 당당하게 제공하는 현상을 할루시네이션hallucination이라고 합니다. 일부 대학에서는 논문이나 보고서 작성에서 생성형 AI의 이용을 금지하며 그 이유 중 하나로 정보의 낮은 신빙성을 듭니다.

그런데 정보를 일방적으로 수용하지 않고 신빙성을 확인하는 자세가 생성형 AI를 사용할 때만 필요한 것은 아닙니다. 인터넷 검색 전반, 나아가 신문, 텔레비전 뉴스, 잡지, 서적 등의 정보를 볼 때도 마찬가지입니다.

영어권 정보가 많다

챗GPT는 인터넷 공간에서 데이터를 학습합니다. 현재 인터넷 데이터의 상당수는 영어 텍스트입니다. 그래서 챗GPT의 지식은 아무래도 영어권 정보에 치우치기 쉽습니다. 예를 들어 "결혼식 의상에 관해 설명해줘"라고 입력하면 웨딩드레스와 턱시도를 설명해줍니다. 영어권의 결혼식을 주로 학습하기 때문입니다. 일본의 우치카케와 몬쓰키 하카마처럼 각국에는 전통적인 결혼식 의상이 따로 있지만 구체적으로 묻지 않는 한 그런 정보는 좀처럼 나오지 않습니다. 이런 식으로 챗GPT의 답변에는 정보의 치우침이 있다는 사실을 염두에 둘 필요가 있습니다.

저작권에 주의하여 활용한다

챗GPT를 탑재한 마이크로소프트사의 AI 서비스를 활

용하는 기업이 세계적으로 5만 사를 돌파하는 등 기업에서의 AI 활용이 급속도로 확대되고 있습니다. 챗GPT를 개발한 오픈AI는 챗GPT가 생성한 문장의 저작권을 이용자에게 양도한다고 이용 규약에 명시하고 있습니다. 질문에 대한 답변은 원칙적으로 질문자 본인의 문장이며 자유롭게 사용해도 무방하다는 뜻입니다.

다만, 챗GPT는 앞에서 설명했듯이 인터넷 공간에서 대량의 텍스트 데이터를 학습하여 문장을 생성합니다. 그러므로 생성한 문장이 기존 기사나 작품과 흡사하여 타인의 저작권을 침해할 가능성이 있습니다. 챗GPT에게서 얻은 답을 혼자 참고하는 경우가 아니라면 챗GPT의 글과 그림이 누군가의 저작권을 침해하고 있을지도 모른다는 점을 명심해야 합니다. 그러나 이는 어디까지나 사적 이용 이외의 경우입니다. 여기서 핵심은, 챗GPT는 자신의 생각을 다듬는 랠리 상대로는 얼마든지 자유롭게 활용할 수 있다는 점입니다.

또한, 사용자가 입력한 데이터는 챗GPT의 학습에 활용됩니다. 학습에 이용되길 원치 않는 경우(브라우저 버전), 화면 왼쪽 아래 '설정'의 '데이터 제어'에 들어가 '모두를 위한 모델 개선' 기능을 끄면 학습하지 않도록 할 수 있습니다(설정은 앞으로 바뀔 가능성이 있습니다). 업무 용도로 챗GPT를 사용할 때는 회사의 정보 관리 규정을 준수하고 정보 누출 위험을 주의해야 합니다.

혼자 끙끙대며 고민하기

before

정답이 없는 시대. 미래를 예측할 수 없어 불안하다.

'어쩌지?' 답답함을 아무에게도 털어놓지 못하고 끙끙댄다.

'어떡하면 좋지?' 점점 더 머릿속이 복잡해지는 악순환에 빠진다.

언어화하여 생각하기

after

부끄럽지 않고 혼날 일도 없는 챗GPT와 쉽고 편하게 이야기한다.

자신을 객관화하고 문제를 세분화하여 답답함이 사라진다.

'고민'하지 않고 '사고'한다.

제 2 장

똑똑한 머리를 복사하다

머릿속의 수많은 서랍,
그 안에 든 것을 연결하기

지금까지 좋은 머리는 타고나는 것 또는 부단히 노력해야 비로소 얻을 수 있는 것이라 여겨졌습니다. 그러나 AI의 등장은 '좋은 머리'를 간단히 복사할 수 있게 만들었습니다. 머리가 좋다는 건 어떤 의미일까요? 다양한 요소가 있겠으나 간단히 정리하면 '머릿속 서랍의 개수=지식량' '연결하는 힘=추론력'이라 해도 과언이 아닐 것입니다.

뉴턴은 나무에서 떨어지는 사과를 보고 만유인력의 법칙을 발견했다고 합니다. '평범한 광경'과 '그간 쌓아온 물리학 지식'의 연결이 세기의 발견을 만들어냈습니다. 한때 X에서 화제가 된 이야기가 있습니다. 머리가 좋은 사람은 사과를 보면 '아, 사과다'라고 인지한 다음 '아오모리 특산물' '뉴턴의 만유인력 법칙' '사악한 뱀이 아담과 이브에게 먹인 과일' 등 사고가 확장되는 한편, 그렇지 않은 사람은 '사과다' '빨갛다' '맛있겠다' 정도에서 사고가 멈추어버린다는 것입니다.

조금 극단적이긴 하지만 저는 '논리적 사고'의 본질을 꿰뚫는 이야기라고 느꼈습니다. 똑똑한 사람은 머릿속에 서랍이 많아서 똑같은 것을 봐도 다른 사람보다 더 많은 의미를 발견합니다. 보통 사람 눈에는 그저 큰 강으로밖에 보이지 않아도 전문 낚시꾼은 낚시 명당을 금세 알아봅니다. '$E=mc^2$'라는 특수 상대성 이론식도 마찬가지입니다. 모르는 사람이 보면 아무 느낌이 없지만 그 깊이를 아는 사람은 그 식에서 아름다움을 발견합니다.

자신이 가진 '서랍의 개수', 그리고 새로운 정보를 기존 지식과 연결하여 '의미를 발견하는 힘'이 핵심입니다. 바로 이것이 평범함과 비범함의 차이입니다.

기존에는 지식량과 추론력을 향상하려면 시간을 들여서 훈련을 거듭해야 했습니다. 그런데 챗GPT를 활용하면 이런 똑똑한 머리를 누구나 간단히 복사할 수 있습니다.

마이크로소프트 CEO 사티아 나델라는 "생성형 AI의 본질은 자연언어와 추론엔진의 조합"이라고 말합니다. 자연언어는 우리가 평소 사용하는 언어를 의미합니다. 추론엔진이란 현재 가진 정보로 새로운 정보를 만들어 내는 시스템입니다. 이를테면 'A=B' 'B=C'라는 서로 다른 정보를 연결하여 '그러면 A=C'라고 추론하는 능력입니다.

챗GPT는 우리가 평소 사용하는 말로 질문하면 웹상에 있는 무수한 서랍에서 지식을 찾아내 추론하여 답을 내놓습니다. 그 결과, 누구나 뉴턴처럼 다양한 지식과 추론력을 손에 넣을 수 있게 되었습니다. 이것이야말로 생성형 AI가 불러온 가장 큰 혁명입니다.

유의미한 정보를 끌어내는
맥킨지의 사고방식

머리 좋은 사람의 또 다른 특징은 '자기 상황에 적용하여 생각하는 것'입니다. 예를 들어 길을 걷다가 스타벅스 앞에 길게 줄 서 있는 사람들을 보면 다음과 같은 식으로 사고가 흘러갑니다. '편의점 커피는 100엔인데, 450엔이나 내고 스타벅스 라테를 사는 이유가 뭘까?' '자신에게 주는 보상일까?' '그렇다면 출퇴근길에 가볍게 살 만한 소소한 사치품을 만들어보면 어떨까?' 이처럼 머리 좋은 사람은 평범한 풍경에서도 자신에게 의미있는 정보를 끌어냅니다.

비슷한 방식으로 맥킨지에서는 '하늘-비-우산'이라는 프레임워크를 사용합니다.

- 하늘: 하늘에 구름이 끼어 있네 → 단순한 사실
- 비: 비가 올지도 모르겠는데? → 사실에 근거한 추측
- 우산: 우산을 가져가는 편이 낫겠다 → 의미 있는 정보

　'하늘에 구름이 끼어 있다'라는 말은 어린아이도 할 수 있습니다. 눈앞의 단순한 사실과 기존의 날씨에 관한 지식을 조합하여, '비가 내릴지도 모른다'라고 예측하여 '우산을 가져가는 편이 낫다'는 메시지를 끌어내야 비로소 상대에게 유용한 정보가 됩니다. 이와 마찬가지로, '매상이 떨어지고 있다' '시장이 축소되고 있다'라는 단순한 사실은 정보로는 가치가 없습니다.

　갖가지 사실을 다각도로 분석하여 '그러므로 이러한 대책을 마련해야 한다'라는 유의미한 가설을 도출하기에 맥킨지 컨설턴트가 작성하는 보고서에 몇천만 엔이라는 가치가 생기는 것입니다. '하늘에 구름이 끼어 있다'에서 '우산을 가져가는 편이 좋겠다'라는 유의미한 정보를 끌어내는 힘이 핵심입니다. 이제는 챗GPT로 누구나 이런 능력을 발휘할 수 있습니다. 그 구체적인 방법을 살펴보겠습니다.

사실을 추상화하는 것이
간단해진다

인터넷 스트리밍 서비스 쇼룸SHOWROOM의 마에다 유지 대표는 소문난 메모광입니다. 마에다는 "메모의 목적은 기록이 아니라 지적 생산"이라고 말합니다. 지적 생산을 위한 메모의 포인트는 '사실 → 추상화 → 응용'이라고 75만 부 이상 판매된 베스트셀러《메모의 마법 メモの魔力》에서 밝히고 있습니다. 마에다는 책에서 자신이 어떤 식으로 사실을 추상화하고 어떻게 상황에 맞춰 응용하는지 실제 메모 예시와 함께 상세하게 다룹니다. 아이디어를 얻고자 하는 사람이라면 꼭 한번 읽어볼 만한 책입니다.

'사실 → 추상화 → 응용'이라는 마에다식 추상화를 이제는 챗GPT로 일상적 사고에 적용할 수 있습니다. 앞에서 다룬 스타벅스 예시를 다시 한번 살펴보겠습니다. '스타벅스 앞에 긴 줄이 있다'는 단순한 사실에 대해 챗GPT에게 다음과 같이 묻습니다.

Q 편의점보다 비싼데도 사람들은 매일 아침 스타벅스에서 커피를 사고 있어. 그 이유를 추상화하여 5가지로 설명해줘.

그러면 다음과 같은 방식으로 추상화한 답이 나옵니다.

A 스타벅스에서 커피를 사는 이유를 추상화하면 다음과 같은 5가지로 정리할 수 있습니다.

1. **경험의 가치**: 스타벅스는 단순히 커피를 마시는 곳이 아니라, 편안한 분위기와 친절한 서비스로 특별한 경험을 제공합니다. 사람들은 커피뿐만 아니라 그곳에서의 편안함, 업무를 보거나 친구와의 시간을 즐길 수 있다는 데서 가치를 발견합니다.

2. **브랜드 가치**: 스타벅스는 세계적으로 유명한 브랜드이며 그 브랜드 가치에 대한 인지도와 신뢰성이 있습니다. 많은

사람이 스타벅스 커피를 구입함으로써 스타벅스의 브랜드 가치로 자신을 표현합니다.

3. 편리성과 시간의 절약: 편의점보다 스타벅스에 더 많은 선택지가 있으며 더욱 섬세한 맞춤형 주문이 가능합니다. 또 많은 지점이 있어 접근이 편리하다는 점도 스타벅스를 선택하는 이유 중 하나입니다.

4. 품질과 맛: 스타벅스는 고품질 원두를 사용하여 독자적 로스팅 기법으로 원두를 처리합니다. 그래서 많은 사람이 스타벅스 커피가 편의점 커피보다 더 맛있다고 느낍니다.

5. 사회적 연결: 스타벅스는 사교 장소로도 기능합니다. 많은 사람이 친구나 지인과의 모임 장소, 일하는 장소로 이용하고 있습니다. 그래서 스타벅스에서 커피를 사는 것은 사회적인 연결이나 교류를 강화하는 수단으로도 기능합니다.

추상화한 것을
가뿐히 응용하기

단순한 사실을 추상화했다면 이제 자신에게 도움이 되는 내용으로 바꿔나가기 위해 질문을 반복합니다.

Q | 위의 5가지 이유를 바탕으로, 다른 생활 습관 10가지를 각각 그 이유와 함께 알려줘.

그러면 챗GPT는 '헬스클럽 멤버십 유지' '고급 레스토랑에서 식사' '프리미엄 여행 패키지 이용'과 같은 생활 습관을 제시합니다. 챗GPT의 답변에서 힌트를 얻어 '스타벅스와는 직접적으로 관계가 없어 보이는 일들도 스타벅스처럼 부가가치를 만드는 일이 아닐까' 하고 아이디어를 확장할 수 있고, 이를 자신의 상황에 맞게 적용할 수도 있습니다. 챗GPT에게 다음과 같이 요청해보겠습니다.

Q 나는 의류업계 마케터야. 위의 추상화된 이유 5가지를 만족하는 기획을 10개 만들어줘.

그러면 챗GPT가 'VIP 멤버십 프로그램' '맞춤형 의류 서비스' '프리미엄 한정판 컬렉션 출시' 같은 기획 아이디어를 제시해줍니다. 이처럼 '스타벅스 앞에 사람들이 줄을 서 있다'라는 일상의 사소한 사실을 가지고 챗GPT를 활용해 맥킨지식 추론과 마에다식 추상화를 간단히 진행할 수 있습니다.

2023년 10월 챗GPT의 이미지 인식 기능이 공개되었습니다. '스타벅스 앞에 사람들이 줄을 서 있다'라는 현상을 굳이 문장으로 입력하지 않아도 휴대폰으로 사진만 찍으면 사용자의 직업이나 생활 방식에 맞춰 챗GPT가 '유의미한 정보'를 제공해줄 날이 머지않은 듯합니다. 텍스트뿐만 아니라 이미지와 음성, 동영상 등 다양한 종류의 데이터를 수집하여 처리하는 AI를 멀티모달multimodal AI라고 합니다. 멀티모달 AI가 보급되면 냉장고 안을 사진으로 찍어 올려 챗GPT에게 저녁 메뉴를 추천받을 수도 있겠지요.

'즉'과 '예를 들면'을 반복하여
사고를 확장하기

추상화는 한마디로, '즉'입니다. 어떤 일을 하나로 묶어 정리하거나 다른 분야에 적용할 때 이러한 추상화가 특히 도움이 됩니다. 예를 들어 후배 직원에게 팀 회식 장소를 정하라고 했더니 술을 팔지 않는 식당으로 예약했다거나 편의점의 칵테일 매대가 논알코올 음료 매대로 바뀌었다는 각각의 체험을 '이건 즉?'이라는 관점으로 생각하면 '젊은 세대가 알코올에서 점점 멀어지고 있다'라고 추상화할 수 있습니다. 거기서 다시 '건배용 논알코올 음료를 개발하면 어떨까?'라는 아이디어를 떠올릴지도 모릅니다.

한편, '젊은 층이 알코올에서 점점 멀어지고 있다'라는 말이 딱히 와닿지 않을 수도 있습니다. '정말 그런가?'라는 의구심이 든다면 이때는 구체화가 필요합니다.

구체화는 한마디로 '예를 들면'입니다. 젊은 세대의 알코올 소비에 대한 예를 찾아보면 주류 소비량 통계, 젊은 층의 생활 방식을 소개한 기사나 책을 접할 수 있습니다. 이러한 과정을 통해 '젊은 세대가 알코올에서 점점 멀어지고 있다'라는 추상적인 서술을 검증하여 이해를 확장해갑니다. 이처럼 사고의 깊이를 더하려면 '즉'과 '예를 들면'의 사이를 여러 번 오가야 합니다. 다시 말해서, 추상화와 구체화를 반복하는 과정이 필요한 것입니다.

고민하기 전에
챗GPT에게 묻는다

지금까지 똑똑한 사고법을 다룬 책과 저명인은 맥킨지나 쇼룸의 마에다 대표 외에도 무수히 많습니다. 그런데 책의 내용은 이해했지만 막상 실천하려니 생각처럼 되지 않아서 좌절한 사람도 분명 적지 않을 것입니다. 이럴 때야말로 챗GPT가 나설 차례입니다. 생각이 제자리에서 맴돌아 답답할 때는 챗GPT에게 가볍게 질문을 던져보세요. 이를테면 다음과 같은 질문이 구체화를 촉진할 수 있습니다.

- 이 문제가 직면한 구체적인 상황은?
- 비슷한 사례에서 성공한 구체적인 방법은?

- 이 아이디어를 실현하는 데 필요한 구체적인 단계는?
- 이 문제를 해결했을 때 기대할 수 있는 구체적인 성과는?
- 이 계획을 실행할 때 따라올 구체적인 리스크는?

추상화를 촉진하는 질문은 다음과 같습니다.

- 이 문제의 근본적인 원인은?
- 이 상황을 일반화하면 어떤 경향이 나타날까?
- 이 구체적인 사례에서 배울 보편적인 교훈은?
- 이 문제는 어떤 큰 범위의 주제와 관련이 있을까?
- 이 아이디어를 다른 상황에 적용하려면 어떻게 해야 할까?

사고의 폭을 넓힐 때는 구체적인 질문으로 상황을 명확하게 파악한 다음, 추상적인 질문으로 시야를 넓혀가며 가설을 구축하는 '구체화 → 추상화'의 순서로 진행하는 편이 효과적입니다. (가설적 추론 방식으로 '구체화 → 추상화'를 간단히 진행하는 방법은 제8장에서 자세히 다룹니다.)

그러나 구체화와 추상화를 위한 질문을 일일이 기억

할 필요는 없습니다. 언제나 기본은 '처음에는 대강 묻기'입니다. 간단히 "구체적으로 알려줘" "추상화해줘"로 시작해도 전혀 상관없습니다. 차근차근 문제를 잘게 나누고 질문을 추가하고 범위를 좁혀나가면서 답변의 정밀도를 높여가는 과정 자체는 제1장에서 설명한 내용과 동일합니다.

문제 해결의 관건은
문제를 특정하는 것

문제를 해결하는 일도 챗GPT의 분야입니다. 그런데 문제를 해결하기 위해서는 '무엇이 문제인지'를 찾아내야 합니다. 문제만 정확히 특정해도 90퍼센트 이상 해법에 다가간 셈입니다. 이때도 챗GPT는 훌륭한 파트너가 되어줍니다. 다음과 같은 질문을 던져 봅니다.

Q │ ○○의 원인으로 고려할 만한 사항을 10가지 알려줘.

마땅한 답변을 얻지 못했다면 재생성 버튼을 눌러 마음에 드는 답변이 나올 때까지 몇 번이고 다시 시도해보세요. 관심 가는 항목이 나왔다면 "이 원인에 대해 분석해줘" 하고 더욱 깊게 파고들어 가봅니다.

닌텐도의 게임 크리에이터이자 대표이사였던 이와타 사토루는 "문제를 해결한다는 것은 작은 문제들이 저절로 해결책을 찾을 수 있을 때까지 문제를 잘게 쪼개는 것"이라고 말합니다. 컨설턴트가 문제를 해결할 때도 기본적으로 이와 동일한 접근 방법을 활용합니다. '회사 실적이 침체되어 있다'라는 상황에서 원인이 매출인지 비용인지, 비용이라면 어떤 사업부의 어떤 비용이 문제인지 쪼개가면서 문제를 특정하는 것입니다.

앞서 3단계에서도 살펴봤듯이, 잘게 쪼개서 분석하는 것은 챗GPT의 특기입니다. 처음부터 한 번에 해결할 필요는 없습니다. '이러면 실이 조금 풀리지 않을까?' 하는 데까지 들어가면 자연스럽게 해결을 향해 나아갑니다.

문제의 핵심,
헤드핀 찾기

비즈니스 세계에서는 과제의 헤드핀을 찾는 일이 무엇보다 중요합니다. 헤드핀은 볼링에서 맨 앞에 놓인 핀을 말합니다. 스트라이크를 노린다면 헤드핀을 맞춰야 합니다. 이 핀만 쓰러뜨리면 나머지 핀들도 도미노처럼 쓰러지기 때문입니다. 각 문제를 개별적으로 해결하려고 하면 마치 두더지 게임을 할 때처럼 시간과 노력만 끊임없이 소비하게 됩니다. 게다가 현실에는 수많은 과제가 동시에 존재하므로 무엇이 헤드핀인지 판단하기가 어렵습니다. 이때도 챗GPT가 실력을 발휘합니다. 다음과 같이 3단계에 걸쳐 챗GPT에게 공을 던져봅니다.

Q1 나의 직업은 ○○이야. 최근 몇 년간 회사의 이익이 감소하고 있어. '이익을 예전 수준으로 끌어올린다'라는 커다란 과제를 더 작고 해결 가능한 ○개의 과제로 나눠서 번호를 매겨줘.

Q2 각 과제에 대해 구체적인 해결책을 ○개 제시하고 번호를 매겨줘.

Q3 위 해결책 중에서 하나의 해결책으로 여러 개의 과제가 해결될 가능성이 있는 것은 무엇이지? 해결책과 과제의 번호를 세트로 묶어 설명해줘.

이런 식으로 챗GPT와 대화를 이어가다 보면 하나의 공으로 많은 핀을 쓰러뜨릴 수 있는 해결책을 얻을 수 있습니다. 위의 3단계는 어디까지나 기본형이자 하나의 예시에 불과합니다. 이미 파고들고 싶은 과제를 발견한 상태라면 2단계, 3단계부터 시작해도 무방합니다. "한 번의 실행으로 복수의 문제를 해결할 수 있는 해결책을 우선순위를 매겨서 알려줘"라는 식으로 응용해도 좋겠지요.

탁월한 경영가들을
가상의 토론장으로 끌어들이기

제1장에서 챗GPT는 대화하며 깨달음을 얻는 데 더없이 좋은 파트너라고 소개했습니다. 이에 대해 챗GPT에게 직접 설명을 들어보겠습니다.

Q 챗GPT는 대화하면서 생각을 정리하고 아이디어를 얻는 데 최고의 상대가 되어준다고 들었어. 그 이유를 항목별로 간결하게 설명해줘.

그러면 다음과 같은 답이 돌아옵니다.

A 챗GPT가 생각을 정리하고 아이디어를 얻기 위한 절호의

대화 상대인 이유를 항목별로 설명하겠습니다.

1. **유연한 응답 능력**: 챗GPT는 자연언어 생성 모델로, 다양한 주제와 질문에 유연하게 응답할 수 있습니다. 이를 통해 다양한 아이디어와 시점을 제공하고 사고의 폭을 확장하는데 도움을 줍니다.

2. **즉각적 반응**: 챗GPT는 실시간으로 대화를 진행할 수 있습니다. 따라서 아이디어가 떠오른 순간이나 과제에 직면했을 때 곧바로 대화 상대로 이용할 수 있습니다.

3. **편안한 환경**: 챗GPT와의 대화는 압박감이 없는 환경에서 이루어지므로 자유롭게 아이디어를 낼 수 있습니다. 창조성을 높이고 새로운 아이디어를 탐구하기 위한 안전한 상태를 제공합니다.

4. **무제한의 리소스**: 챗GPT는 365일 24시간 대화가 가능합니다. 따라서 생각이 막힐 때 언제든지 이용하여 새로운 아이디어를 발견하고 문제를 해결하는 데 도움을 받을 수 있습니다.

5. **다양한 정보원에 대한 접근**: 챗GPT는 폭넓은 지식을 가지고 있으며 여러 주제와 분야에 관한 정보를 제공할 수 있습니다. 사고의 벽에 부딪혔을 때 새로운 관점과 정보를 얻

기 위한 리소스로 활용할 수 있습니다.

6. 자연스러운 대화 형식: 챗GPT와의 대화는 자연스러운 대화 형식으로 진행되기 때문에 커뮤니케이션이 원활하고 스트레스가 없습니다. 사고의 흐름을 방해하지 않고 아이디어를 탐색할 수 있습니다.

7. 개인 맞춤형: 챗GPT는 사용자의 요구와 목적에 따라 맞춤형으로 정보를 제공합니다. 개별 사용자의 사고 프로세스나 과제에 맞춰서 정보를 제공할 수 있습니다.

챗GPT를 통한 가상 토론 또한 가능합니다.

Q '비전과 철학'이라는 주제로 토론을 하고 싶어. 토론자로 적합한 탁월한 경영자 5인을 알려줘.

그러면 이하와 같은 경영자를 간단한 설명과 함께 보여줍니다. 딱히 와닿지 않으면 재생성 버튼을 눌러 몇 번이고 다른 대답을 얻을 수 있습니다.

A 해당 주제에 알맞은 토론자 5인을 알려드립니다.
1. 일론 머스크

2. 마리사 메이어

3. 제프 베이조스

4. 인드라 누이

5. 래리 페이지

여기서 다음과 같이 입력하면 각 경영자가 가질 법한 관점을 상정하여 가상 토론을 만들어줍니다.

Q 위의 5인이 해당 주제로 토론을 펼치게 해줘.

챗GPT의 사고 프로세스를
챗GPT에게 물어보기

￨

또 하나 추천하는 방법은 챗GPT의 사고 프로세스 자체를 챗GPT에게 물어보는 것입니다. 앞에서 다룬 예시, '사람들이 편의점보다 비싼데도 매일 아침 스타벅스에서 커피를 산다'라는 이유의 추상화가 어떤 식으로 이루어졌는지 물으면 다음과 같은 답이 돌아옵니다.

A ￨ 사람들이 편의점보다 비싼데도 매일 아침 스타벅스에서 커피를 사는 이유를 추상화하면 다음과 같습니다.

1. **일반화**: 구체적인 상황을 추상화하기 위해 주어진 문제를 일반적인 패턴이나 원칙에 적용할 필요가 있습니다. 이

경우 커피를 사는 행위는 '소비자의 선택 행동' 중 하나입니다. 그러므로 소비자 심리나 선택 행동의 일반적인 원칙에 초점을 맞춰 고려합니다.

2. 공통 요소 발견: 주어진 상황의 패턴을 발견합니다. 예를 들어 가치관이나 가격 감각, 브랜드의 인지, 편리성 등의 요소를 들 수 있습니다. 이런 요소를 추상화하여 일반적인 관점에서 생각할 수 있습니다.

3. 일반적인 말과 개념 사용: 구체적인 말과 상황에 의존하지 않고 일반적인 말과 개념을 사용하여 생각합니다. 예를 들어 가치, 브랜드, 체험, 사회적 연결 등 광범위한 개념을 사용하여 상황을 추상화합니다.

4. 분석과 정리: 추상화된 개념을 분석하고 정리합니다. 각 요소가 어떤 식으로 관련이 있으며 영향을 주는지 파악합니다. 이로써 주어진 상황을 더 깊게 이해하고 일반적인 원칙과 패턴에 근거하여 고찰할 수 있습니다.

이런 단계를 거쳐 주어진 상황을 추상화하고 일반적인 원칙과 개념에 근거하여 이해합니다.

위의 질문에서 더 나아가 챗GPT와 대화를 시작하는

시점에서 다음과 같은 질문을 던지면 '이런 방법이 있구나' 하고 힌트를 얻을 수 있습니다.

Q ｜ 최고의 아웃풋을 얻는 충분한 제약 조건이 있으면 질문 형태로 제시해줘.

앞서 '대강 묻기 → 차근차근 파고들기 5단계' 중 4단계로 '전제와 제약 조건을 추가하기'에 대해 설명했습니다. 이때도 전제와 제약 조건, 즉 좋은 대답을 끌어내는 데 필요한 정보가 무엇인지도 챗GPT에게 물어보면 됩니다. '스타벅스에서 커피를 사는 이유의 추상화'에 대해 최고의 결과를 얻는 데 어떤 질문이 필요한지 챗GPT에게 물어보면 다음과 같은 답변이 돌아옵니다.

A ｜ '스타벅스에서 커피를 사는 이유의 추상화'에 대해 최고의 결과를 얻기 위해서는 다음과 같은 질문이 필요합니다.

1. 아침에 커피를 살 때 왜 스타벅스를 선택합니까?
2. 스타벅스 커피가 편의점 커피보다 낫다고 느끼는 이유는 무엇입니까?

3. 스타벅스에서 커피를 사는 것이 당신의 일상생활에 어떤 영향을 미칩니까?

4. 다른 곳에서 커피를 살 수 있는 상황에서도 스타벅스를 선택하는 이유는 무엇입니까?

5. 스타벅스에서 커피를 사는 것이 당신의 사회적 연결이나 정체성에 어떤 영향을 미칩니까?

이런 식으로 챗GPT와 공을 주고받는 과정에서 흥미롭거나 유익한 방법을 발견할 때마다 하나씩 자신의 것으로 만들 수 있습니다. 이 방법을 응용하여 저는 "학술 이론을 활용하여 설명해줘"라는 프롬프트를 종종 사용합니다. 평소에는 경영업계의 용어를 사용하는 일이 많으므로 이런 질문은 다른 관점을 발견하는 데 도움이 됩니다. 이 또한 챗GPT와 대화하면서 발견한 방법입니다.

앞서 언급한 대로 챗GPT는 때때로 거짓 정보를 제공합니다(할루시네이션). 그러나 새로운 관점의 힌트를 찾는 것이 목적이므로 정보 자체의 정확성은 크게 문제가 되지 않습니다. 필요할 시 해당 내용을 다시 한번 검색하여 확인하면 됩니다. 이런 접근법의 핵심은 머릿속에 논리적 서랍을 늘리는 데 있습니다.

마감 전날까지 머릿속이 백지 상태

before

보고서, 기획서, 프레젠테이션 자료 등
아이디어가 정리되지 않아서 시작도 못 하겠다.
첫발을 내딛기가 너무 어렵다.

'큰일 났다!' 마감이 내일인데 머릿속이 백지 상태다.

대략적인 느낌으로 상시 가동

after

새로운 과제를 챗GPT에게 가볍게 물어본다.

토대가 있으니 시작하기가 한결 수월하다.
이를 기반으로 다른 사람과도 의견을 공유해본다.

대략적인 느낌으로 상시 가동하니 마감이 두렵지 않다.

제 3 장

경험을
복사하다

밑바탕 경험 10년은
이제 의미가 없다

처음 회사에 들어가면 우선 '밑바탕 경험'부터 쌓기 시작합니다. 회의록을 작성하거나 선배 직원을 따라다니며 업무 방식을 조금씩 배우는 시간입니다. 몇 년쯤 지나면 리서치나 자료 작성 정도는 혼자서 할 수 있고 중요한 일도 하나둘 담당하기 시작합니다. 그런 식으로 지식과 경험을 쌓으며 대리, 과장으로 승진합니다. 지금까지 일본 대기업에서는 일반적으로 이런 길을 따랐습니다.

그러나 앞서 언급했듯이 80점까지의 일을 AI가 해준다면 이른바 밑바탕 경험이 필요하다는 사고방식 자체가 무의미해집니다. 일본에는 전통적으로 '일은 어깨너

머로 보고 배우는 것'이라는 분위기가 있습니다. 회의 내용을 몰라도 일단 동석해서 듣다 보면 점차 이해하게 된다는 식입니다. 그러나 서장에서 설명한 대로, 마이크로소프트 365 코파일럿을 사용하면 AI가 "오늘 회의의 포인트는 ○가지입니다" "당신이 해야 할 일은 ○○입니다"라고 알아서 정리해줍니다. 회의에서 "지금 부장이 발언한 ○○는 무슨 뜻이지?"라고 물으면 "○월 ○일의 회의에서 나온 ○○에 대한 이야기로 보입니다. 지난 회의록의 ○○ 부분입니다" 하고 알려줍니다. 모를 땐 "○○에 대해서 알기 쉽게 설명해줘" 하고 요청만 하면 됩니다.

아마도 몇 년 후에는 굳이 묻지 않아도 "이 발언은 이런 의미입니다" 하고 비전 프로Vision Pro[애플의 증강현실 헤드셋] 같은 웨어러블 디바이스가 알려줄 수도 있겠지요. 지금까지는 오랜 시간을 들여야 쌓을 수 있던 경험을 챗GPT가 분석해 누구나 이해하기 쉽도록 가르쳐준다는 뜻입니다. 이렇게 되면, 일본 기업에서 여태껏 중시해온 '밑바탕 경험 10년'이 중요하다는 사고방식이 이제는 의미가 없어집니다.

장인의 기술이
시각화된다

호리에 다카후미가 "이제는 초밥 요리사가 되기 위해 10년이나 수련할 필요가 없다"라고 발언하여 논란이 일기도 했습니다. 과거에는 초밥 명인의 제자로 들어가도 곧바로 초밥 만드는 법을 배우지 못했습니다. 설거지나 청소 같은 밑바탕 경험부터 쌓기 시작하여 '밥 짓기 3년' '밥 쥐기 8년'이라는 수련을 거쳐 비로소 한 사람 몫을 하기까지 족히 10년이 걸렸습니다. 그러나 지금은 유튜브, 요리 교실에서도 초밥 만드는 법을 배울 수 있습니다. 생선을 바르기 어려우면 전문점에 부탁하면 됩니다. 밑바탕 경험을 미덕으로 삼는 사고방식 때문에 시간을 허비하는 것은 더는 아무 의미가 없다고 호리에는 말하고 싶었겠지요.

인터넷을 통해 경험과 노하우 자체를 간단히 복사할 수 있는 시대입니다. 앞으로 챗GPT로 이 흐름은 더욱 가속화될 것입니다. 지금은 챗GPT의 확장 프로그램을 사용하면 AI가 동영상을 바탕으로 매뉴얼까지 작성해 줍니다.

지금까지 초밥 요리사가 되기까지 10년이 걸린 것은 명인의 눈과 기술을 복사하기 위해서였습니다. 생선을 고르는 안목, 고객의 요구를 파악하는 센스, 생선을 손질하는 기술이나 밥을 쥐는 기술, 무엇 하나 빠뜨릴 수 없는 핵심 요소지만 지금은 챗GPT와 동영상 기술로 그 상당수를 '시각화'할 수 있고 누구나 쉽게 배울 수 있습니다. '80점짜리의 일'은 손쉽게 몸에 익히고 진정 중요한 그다음 단계, 자신의 노하우를 만들어가는 과정에 시간을 충분히 할애하는 편이 효율적입니다.

호리에는 딸기 디저트 전문점 이치비코 사업을 펼치고 있습니다. 그가 동일본 대지진 후 GRA라는 회사를 세워 가장 먼저 한 일은 그때까지 전문가만의 기술이던 딸기 재배 노하우를 수치화한 것이었습니다. 그 결과, 고품질의 당도 높은 딸기를 대량 생산할 수 있었습니다.

다만 복사가 가능하다고 해서 경험에 의한 학습이 무의미해지는 것은 아닙니다. '복사가 가능한 부분은 복사한다. 자동화할 수 있는 부분은 로봇이나 AI에게 맡긴다'라는 접근 방식은 결국 옛사람이 갈고닦아온 기술을 최대한 살려서 그것을 계승하는 일로 이어집니다. 그 연장선에서 더욱 좋은 것을 창조해낼 수 있도록, 밑바탕 경험보다는 새로운 경험을 쌓는 데 자원을 사용하며 노하우를 공유한다면 모두에게 도움이 될 것입니다.

알리바이 만들기용 업무가
생산성을 떨어뜨린다

호리에는 초밥 요리사가 수련하는 10년에 대해 말했으나, 어쩌면 그것과 비교도 되지 않을 만큼 가장 의미 없는 시간은 회사에서의 밑바탕 경험 10년일지도 모릅니다. 최근에는 실력주의를 내세우며 꾸준히 성장하는 회사도 늘어나는 추세지만 무의미한 업무 방식을 고집하는 회사가 여전히 곳곳에 남아 있습니다.

이를테면 회사에서 상사의 결재 도장 옆에 도장을 찍을 때 고개를 숙이듯 일부러 도장을 기울여서 찍는다거나 기밀성이라곤 전혀 없는 정보를 다루면서 단순히 회사 내규를 따라 굳이 압축파일 형식으로 비밀번호를 설정하여 발송하는 메일이 그러합니다. 인사라는 명목으로 불필요하게 많은 인원을 대동하고 찾아와 실질적으로는 알맹이 없는 회의를 하거나 각자 읽어보면 될 보고서를 굳이 낭독하는 회의도 마찬가지입니다.

이런 업무의 목적은 모두 '알리바이 만들기'입니다. 가치를 창조하기 위한 행위가 아니라 '그 장소에 있는 것' 자체가 목적입니다. 미국 인류학자 데이비드 그레이버는《불쉿 잡》에서 쓸모없는 일, 무의미한 일에 대해 논합니다. 일본의 회사에는 정말 이런 쓸모없는 일이 너무나 많습니다. 왜 해야 하는지 아무도 설명하지 못하는 일들입니다.

일본의 시간당 2022년 노동생산성은 OECD 38개국 가운데 30위로, 밑에서부터 세는 편이 빠를 정도의 최하위 수준입니다[2022년 한국의 시간당 노동생산성은 OECD 국가 중 34위]. 알리바이를 만들기 위한 무의미한 일들이 일본의 생산성을 떨어뜨리는 주요 요인임은 분명합니다.

그러나 이런 상황은 젊은 세대에게 더없이 유리한 조건이라고 해석할 수도 있습니다. 도장을 기울여 찍는 예절 같은 훈련에 장시간을 허비해온 선배들이 경쟁 상대이기 때문입니다. 모래주머니를 잔뜩 달고 뛰는 마라톤 경기에 가벼운 몸으로 뛰어든 상황이나 다름없으므로 지금은 가뿐하게 승리를 거머쥘 수 있습니다.

동경하는 리더를
나만의 멘토로 만든다

챗GPT를 통해 경험을 복사하려면 어떻게 해야 할까요? 우선 챗GPT로 유튜브 동영상을 요약하여 다양한 매뉴얼을 작성할 수 있습니다(자세한 방법은 후술합니다). 그러나 이보다 더욱 간단한 방법으로, '챗GPT를 사용하여 동경하는 리더의 경험을 복사하기'를 추천합니다. 저는 종종 '손정의 대표였다면 이럴 때 어떤 결정을 내릴까?' '킹카즈[일본 축구 선수 카즈요시 미우라의 별명으로, 1986년 프로 데뷔 이래 여전히 현역으로 활동 중]였다면 어떻게 행동할까?' 하고 상상합니다. 전에 다니던 직장에서 사업 개편을 담당할 때는 미스미그룹 본사 사에구사 다다시 전 대표가 쓴《V자 회복의 경영V字回復の経営》을 반복해서

읽으며 '사에구사 대표라면 어떤 의사결정을 했을까?' 하고 늘 생각했습니다.

동경하는 리더에게 배움을 얻고 싶을 때는 인터뷰 기사나 관련 서적을 읽거나 직접 이야기를 들으러 가는 등 다양한 방법을 고려할 수 있습니다. 여기서도 챗GPT를 활용하면 웹상의 다양한 정보를 편집하여 맞춤형 조언을 얻을 수 있습니다.

> **Q**　손정의 대표의 저서들을 간결하게 요약하여 정리해줘. 그 정리된 자료를 바탕으로 손정의 대표의 캐릭터를 가정하여 10개의 조언을 제시해줘.

챗GPT는 손정의가 어떤 인물인지 과거 어떤 발언을 했는지 등을 인터넷상의 뉴스, 취재 기사, 서적 요약문에서 정보를 모아 조언을 제시합니다. 물론 마음에 와닿는 답변이 나올 때까지 몇 번이든 다시 시도할 수 있습니다. 거기에 "나는 ○○제조사 ○○사업부의 프로젝트 리더로서 ○○ 사업 적자를 개선해야 해"라는 설정을 덧붙이면 자신에게 맞는 '손정의식 어드바이스'를 들을 수 있습니다.

겐토샤의 편집자 미노와 고스케는 책을 만들 때 종종 인물을 완벽하게 복사한다고 합니다. 관심이 가는 사람이나 존경하는 인물이 생기면 완전히 그 사람 본인처럼 인터뷰에 답하거나 책을 쓸 정도가 될 때까지 그 사람의 글을 반복해서 읽는다고 합니다. 그 사람이 쓴 글을 외울 만큼 반복해서 읽다 보면 책에 쓰여 있지 않은 사항에 대해서도 그 사람이라면 어떻게 생각할지 감이 오는, 이른바 '사고 패턴'을 알게 되는 경지에 오르는 것입니다.

인간의 사고는 언어로 구성되기 때문에, 그 사람이 한 말을 완전히 복사하면 그 사람의 사고나 경험을 내 일에도 적용할 수 있습니다. 챗GPT는 책을 반복해 읽으며 암기하는 과정을 짧게 줄여 그 사람의 경험을 완전히 복사할 수 있게 도와줍니다.

시야가 30퍼센트로 제한적

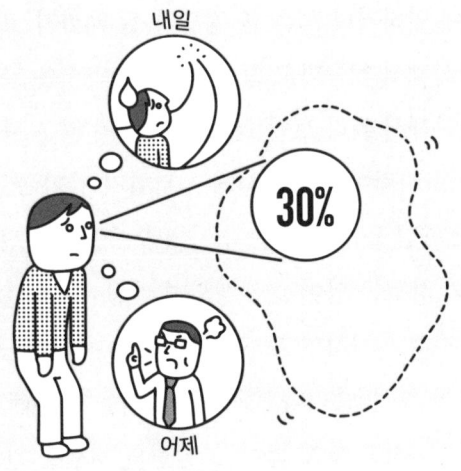

내일

30%

어제

before

'어제 실수를 했으니 다음 회의에서
혼나지 않으려나' 걱정한다.

과거에 대한 후회와 미래에 대한 불안 때문에
눈앞의 30퍼센트밖에 보지 못한다.

100퍼센트 탁 트인 시야로
일상이 발견의 연속

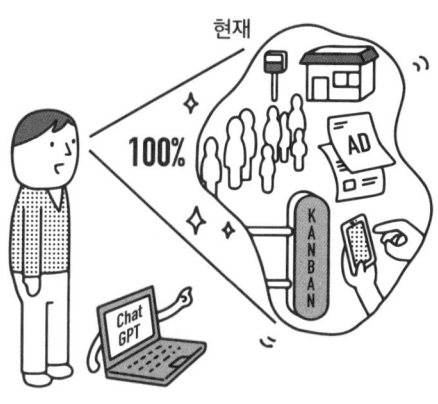

after

후회나 불안을 챗GPT에게 털어놓으며 머리가 맑아진다.

시야가 탁 트인다.

왜 사람들이 줄을 서 있지? 저 광고는 뭐지?
○○를 가지고 다니는 사람이 많아졌네.
일상이 '발견'의 연속이 된다.

제 4 장

센스를
복사하다

긴 분량을 압축하고
수많은 패턴으로 바꾼다

생성형 AI를 사용하면 3분짜리 곡을 30초짜리로 만들 수 있습니다. 이뿐만 아니라 100가지든 1,000가지든 다양한 패턴으로 편곡도 해줍니다. 중국 스트리밍 기업이 공개한 AI 보컬의 신곡 〈Today〉가 스트리밍 1억 회를 돌파하며 큰 화제가 된 적이 있습니다. 물론 생성형 AI가 아무것도 없는 상태에서 멜로디를 만들어내는 것은 아닙니다. 기존 곡들에서 다양한 패턴을 학습하여 그것을 기반으로 새로운 멜로디를 생성하는 것이지요.

그러나 원래 음악이 과거 악곡이나 코드를 조금씩 변형하며 발전해왔음을 고려하면 어떤 의미에서는 인간이 하는 일을 AI가 대체한 셈이기도 합니다. 'AI가 3분짜리 곡을 30초짜리로 만들고 순식간에 수천 가지 패턴으로 편곡까지 해내며 인간이 아무리 애써도 좀처럼 도달하기 힘든 재생 수 1억 회를 가뿐히 넘겨버린다.' 이는 음악 세계에만 국한된 현상이 아닙니다.

2022년 8월, 미국 콜로라도주에서 개최된 아트 콘테스트에서는 이미지 생성형 AI 미드저니Midjourney가 생성한 작품이 최우수상을 받았습니다. 할리우드에서는 생성형 AI를 사용한 각본을 규제하라며 각본가가 대규모 파업을 벌였습니다. AI가 각본을 쓴 영화는 이미 등장했고, 일자리를 위협받는다고 전문 각본가가 위기를 느낄 정도로 그 완성도는 이미 상당한 수준에 올라와 있습니다.

일반적으로 예술 영역만큼은 마지막까지 컴퓨터에게 대체되지 않으리라는 믿음이 있었습니다. 예술적 감각, 이른바 센스는 '복사할 수 없는 것'이라고 여겨졌기 때문입니다. 그러나 음악, 미술, 연극 분야에서 생성형 AI의 활약상을 보면 그런 상식은 이미 과거의 것임을 알게 됩니다. 이제 우리는 생성형 AI로 '센스'도 복사할 수 있습니다.

센스는 수많은 시행착오의
압축 체험이다

대체로 심미안이 뛰어난 사람을 '센스가 좋다'고 평가합니다. 심미안은 어떻게 단련할 수 있을까요? 다도에서 손님은 주인이 사용하는 찻잔이나 족자를 보면서 진품이 무엇인지 배웁니다. 오랜 시간을 들여 다도의 심미안을 복사해갑니다. 미술품을 감정하는 큐레이터는 수천 점의 미술품을 보면서 진위를 간파하는 안목을 기릅니다. 즉 센스란 '압축 체험'입니다. '이것은 좋다' '이것은 그저 그렇다'라는 판단을 정신이 아득해질 정도로 끊임없이 거듭하는 동안 심미안과 감각이 길러집니다.

최근 10년 사이, 인스타그램과 함께 전 세계인의 사진 감각이 압도적으로 향상되었습니다. 일상의 순간을 포

착한 것들로만 추려도 감각적인 사진이 하루에 수백 장씩 쏟아져 나옵니다. 카페에서 사진 하나를 찍을 때도 해시태그로 검색하여 어떻게 찍어야 더 근사하게 보일지 연구하는 시대입니다. 지금은 안목을 기르는 과정을 빠르게 반복하여 누구나 간단히 사진 감각을 기를 수 있습니다. 또한 틱톡TikTok으로 최근 몇 년간 전 세계인의 동영상 센스가 놀랄 만큼 향상되었습니다. 재미있는 숏폼 동영상을 대량으로 보고 직접 시도해보면서 전문가에 견줄 만한 센스를 익히게 된 것입니다.

그렇다면 챗GPT는 우리 어떤 센스를 향상시킬까요? 바로 '아이디어' 센스입니다. 챗GPT를 활용함으로써 아이디어의 토대 만들기가 압도적으로 쉽고 빨라졌습니다. 누구나 100가지, 1만 가지 아이디어를 손쉽게 얻을 수 있습니다.

초특급 희귀 아이템이
나올 때까지 계속 뽑기

일반적으로 책 표지를 디자인할 때는 전문 디자이너에게 의뢰하여 몇 가지의 디자인 시안을 받습니다. 그러면 편집자와 저자가 검토하여 'A안이나 C안이 책의 이미지와 가까운 것 같다'라는 식으로 디자인 시안을 선택합니다. 그리고 'A안을 기본으로 색깔이나 패턴을 다르게 하여 몇 가지 시안을 더 만들어줬으면 좋겠다' '글자 크기를 키워달라'는 등 세부적으로 조정하여 최종 표지 디자인을 결정합니다.

한편 스테이블 디퓨전Stable Diffusion이나 미드저니 같은 이미지 생성형 AI는 순식간에 수백 개의 디자인 안을 제시해줍니다. 여기서 "구성은 58번째, 배경은 96번째가 마음에 들어. 다시 만들어줘"라고 하면 해당 내용을 조합하여 또 수백 개의 패턴을 제시하므로 거기서 차근차근 다듬을 수도 있습니다.

초안, 즉 아이디어의 토대를 빠르게 많이 얻는 것의 장점은 다방면에서 힌트를 얻을 수 있다는 것입니다. 디자이너에게 의뢰하기 전에 상품 콘셉트나 내용을 관계자와 공유하며 아이디어를 내려고 해봐도 좀처럼 좋은 생각이 떠오르기 어렵습니다. 그러나 챗GPT를 활용하면 다양한 아이디어의 토대를 검토하면서 "조금 더 딱딱한 이미지를 원해" 같은 식으로 일찌감치 방향성을 조율하거나 관계자 간 생각의 차이를 확인할 수 있습니다. '이런 디자인이면 이런 음악이 이미지와 어울릴 것 같으니 세트로 홍보해도 좋겠다'라는 새로운 아이디어가 떠오를 수도 있습니다.

앞으로는 무난한 아이디어를 4~5개 내는 기존의 방식으로는 살아남기가 어려워집니다. 그보다는 아직 불완전하더라도 100개 또는 1,000개의 아이디어를 빠르게 내는 편이 유리합니다. 우선은 대략적으로라도 느낌을 잡은 다음에 '배경색을 변경하거나 아예 흑백으로 바꿔도 괜찮겠다'라고 클라이언트와 함께 다듬어나가는 편이 더 좋은 결과물을 만들어낼 확률이 높다는 뜻입니다.

확률 게임에서 초특급 희귀 아이템을 뽑는 방법은 오직 하나밖에 없습니다. 아이템이 나올 때까지 계속 뽑는 것, 그뿐입니다. 달라진 게임판에서는 뽑기를 '빨리 많이 계속할 수 있는 사람'만 살아남습니다. 쓰쿠바대학교 오치아이 요이치 교수는 초특급 희귀 아이템이 나올 때까지 계속 뽑는 것이야말로 챗GPT를 현명하게 활용하는 방법이라고 말합니다.

에디슨은 "천재는 1퍼센트의 영감과 99퍼센트의 노력으로 이루어진다"라고 했습니다. 노력한다는 것은 경험을 쌓는 일입니다. 천재라 불린 사람들은 수많은 시행착오를 경험한 사람들입니다. 압도적으로 많은 아이디어를 내고 그것을 검정하는 과정을 수없이 반복했다고도 바꿔 말할 수 있습니다.

이제는 계획보다
실행부터 시작한다

DCPA는 IT 업계에서는 이미 일반적인 방식입니다. DCPA는 'Do(실행) → Check(확인) → Plan(계획) → Act (조치)'로 진행되는 프로세스를 말합니다. 게임이나 소프트웨어를 개발할 때 베타 버전이라는 미완성품을 시장에 던지고 실제 사용자로부터 '이런 기능이 있었으면 좋겠다' '이 부분은 개선이 필요하다'라는 피드백을 모읍니다. 그리고 이런 피드백을 반영하여 완성품을 만들어 갑니다. 회사 내부의 역량만으로 100점짜리를 개발하는 것이 아니라 일부러 80점 상태로 시장에 내보내서 유저와 함께 100점, 120점 수준으로 다듬어가는 이른바 '공동 창조' 프로세스입니다. 앞으로는 IT 분야뿐만 아니라 어떤 분야에서든 DCPA가 개발의 기본이 될 것입니다. 챗GPT가 수백, 수천 가지 아이디어의 토대를 순식간에 만들어주기 때문입니다.

지금껏 비즈니스 세계에서는 Plan(계획)→Do(실행)→Check(확인)→Act(조치)를 주된 검증 프로세스로 활용했습니다. 그러나 이제 DCPA의 시대입니다. 책상 앞에서 계획을 짜는 데 시간을 쏟는 것이 아니라 우선 실행하여(Do) 사용자의 반응을 기반으로 평가하면서(Check) 계획을 짜고(Plan) 개선해나가는(Act) 프로세스가 주류가 될 것입니다. 여러 가지가 임시로 정해진 상태에서 우선 움직여보고 미흡한 부분은 행동하면서 궤도를 수정해가는 것입니다. 이때 가설 검증을 반복하는 속도가 곧 경쟁력입니다.

생물의 생존 전략은
많이 낳는 것이다

생물의 생존 전략은 기본적으로 많이 낳는 것입니다. 연어는 한 번에 2,000개에서 4,000개에 달하는 알을 낳는데 이 중에 성장해서 강으로 돌아오는 연어는 겨우 1퍼센트에서 10퍼센트밖에 되지 않는다고 합니다. 인간도 예전에는 위생과 영양 상태가 열악하여 유아 사망률이 높았으므로 많이 낳는 것이 당연했습니다. 현재처럼 선진국을 중심으로 아이를 적게 낳는 풍조가 주류를 이룬 것은 최근 몇십 년 사이에 일어난 일입니다.

이렇게 생물은 많은 자손을 낳음으로써 생존 확률을 높여왔습니다. 많은 자손 중에 일정 확률로 돌연변이가 생겨나고 기후 변동 같은 극심한 환경의 변화가 있을 때는 돌연변이가 살아남아 새로운 환경에 적응해갑니다.

비즈니스도 이와 마찬가지로, 100가지든 1,000가지든 아이디어를 내서 그 가운데 돌연변이 같은 혁신을 창출하는 회사가 살아남을 확률이 높습니다.

대표적인 성공 사례가 틱톡입니다. 틱톡의 모회사 바이트댄스ByteDacne를 창업한 장이밍 대표도 처음부터 숏폼 시장을 노린 건 아니었습니다. 뉴스 앱이나 게임 앱 등 다양한 앱을 개발하여 시장에 내보내고 유저의 목소리를 들으며 검증해나간 결과, 엄청난 성공작 틱톡을 탄생시킨 것입니다.

'얼마나 실패를 줄이는가'라는
발상이 무의미해진다

많은 사람이 아마존의 성공 비결로 혁신innovation을 꼽습니다. 하지만 창업자 제프 베이조스는 반복iteration이 아마존의 진정한 승리 요인이라고 말합니다. 베이조스만 온라인 도서 판매라는 아이디어를 떠올린 건 아니었습니다. 실제로 당시에는 다수의 인터넷 서점이 등장했습니다. 그 경쟁에서 아마존이 승리한 이유는 사소한 개선을 끊임없이 반복했기 때문입니다.

가장 빨리 행동하고 상상할 수 없을 만큼 많은 DCPA를 반복한 회사가 승리하는 것입니다. 그런 상황에서 '얼마나 실패를 줄일 수 있는가'라는 논제는 무의미합니다. 관건은 DCPA를 얼마나 많이 반복하느냐이므로 오히려 많이 실패할수록 성공할 확률이 높아집니다.

'저 사람, 999번이나 실패했대' '와, 대단하다!' 이런 식으로 작은 실패를 빠르게 많이 한 사람일수록 높이 평가받는 사회가 됩니다. 이런 사회에서 요구되는 역량은 실패를 즐기는 힘입니다. '또 실패했네'라면서 개선점을 찾고 다음 단계로 이동하는 힘을 말합니다. 여기서 나아가 '실패했지만 이런 점을 배웠습니다' 하고 주변 사람과 공유하는 인재가 인정받습니다. '이런 걸 알고 있습니다' '한 번도 실패하지 않았습니다'라고 뽐내는 사람보다 DCPA를 공유하는 사람이야말로 부가가치를 만드는 인재로 평가받습니다.

혁신은 평범한 것의
조합에서 태어난다

혁신이라고 해서 반드시 완전히 새롭게 제로에서 탄생할 필요는 없습니다. 경제학자 조지프 슘페터는 "혁신은 새로운 결합"이라고 말합니다. 누구나 알고 있는 것의 연결로 기발한 아이디어가 태어난다는 의미입니다. 대표적으로 회전 초밥은 컨베이어 벨트에서 힌트를 얻은 아이디어입니다. 초밥집의 카운터석과 공장의 컨베이어 벨트를 결합한 것입니다. 흔히 일상에서 관련지어 생각하기 힘든 사물을 연결하는 사람이 참신한 혁신을 만들어낼 가능성이 높습니다.

손정의 대표는 학창 시절에 단어장 2개를 동시에 사용하며 아이디어를 구상했다고 합니다. 하나는 생각나는 단어들을 닥치는 대로 적어두고, 다른 단어장에는 그 단어들을 조합하며 새로운 아이디어를 떠올렸다는 것입니다. 예를 들면 '시계'와 '냉장고'를 연결해 시계가 붙어 있는 냉장고나 냉각 기능이 달린 시계처럼 '이건 괜찮겠다' 싶은 조합이 나올 때까지 계속 평범한 것들을 연결 짓는 방식입니다. 챗GPT는 이런 식으로 아이디어를 구상하는 데도 훌륭한 파트너가 됩니다. 챗GPT에게 다음과 같이 공을 던져봅니다.

Q '초밥'과 '컨베이어 벨트'를 조합하여 '회전 초밥'이 나왔듯이 보통은 조합하지 않는 것들을 조합해서 10가지 아이디어를 만들어줘.

이 밖에도 "희귀한 식재료를 10가지 알려줘. 밥과 어울리는 조미료도 10가지 알려줘. 그리고 이 둘을 조합하여 새로운 주먹밥 속 재료를 10가지 알려줘" 하고 다양한 조합을 물어볼 수도 있습니다. 물론 재생성 버튼을 누르면 몇 번이든 다른 답변을 얻을 수 있고, 답변을 보고 "미국인이 좋아할 만한 조합으로 수정해줘" 하고 변형하면서 더 폭넓은 아이디어를 발견할 수 있습니다.

참고로 새로운 주먹밥 재료로 챗GPT가 내놓은 답에는 황당한 내용도 있을 수 있지만 트러플 소금 주먹밥, 가쓰오부시와 알마스 캐비아 주먹밥 등 고급스럽고 먹음직스러운 조합도 있습니다. 또 미국인이 좋아할 만한 주먹밥으로 챗GPT가 제시한 낫토와 데리야키 비프 주먹밥은 상품화도 고려할 수 있지 않을까요?

유추하는 힘을
손쉽게 기른다

아이디어가 번뜩이는 사람은 아날로지analogy 능력, 즉 유추하는 힘이 뛰어난 사람입니다. 유추하는 힘이란, 얼핏 아무 관계도 없어 보이는 것들 사이에서 공통점을 찾아내는 센스입니다. '소고기덮밥이라고 쓰고 바다라 읽는다'라는 언어유희 또한 유추하는 센스에서 비롯된 것입니다. 소고기덮밥과 바다에서 '나미なみ'라는 공통점을 찾아냈기 때문입니다[일본어로 나미는 소고기덮밥의 보통 사이즈라는 뜻과 파도라는 뜻이 있다].

유추하는 힘은 아이디어 창출로 이어집니다. 유추를 통해 새로운 아이디어를 얻고자 할 때도 챗GPT는 최적의 파트너가 되어줍니다.

Q '성공과 실패는 ○○라는 의미에서 매한가지다'라는 문장
이 있어. ○○에 적당한 표현을 넣어 문장을 5개 완성하고
각각의 이유도 알려줘.

Q '자유와 속박은 똑같다'라는 문장처럼 대의어 2가지를 추상
화하여 새로운 깨달음을 얻을 법한 조합을 '○○와 ○○는
똑같다. 왜냐하면'의 형식으로 10개 만들어줘.

　유추하는 힘은 새로운 사업 모델을 구상할 때도 도움
이 됩니다. 게이오대학교 고토사카 마사히 교수는 "삿포
로 이치방이나 컵누들처럼 전국적인 대히트 상품이 등
장한 것은 고도성장기의 고속도로 구축, 텔레비전 보급
과 깊은 관련이 있다"라고 말합니다. 좋은 상품을 만들
어 텔레비전 광고에 투자하자 전국 곳곳에 상품을 원하
는 사람이 많아졌고 대량 생산한 상품이 고속도로로 배
송되면서 전국적인 히트 상품이 탄생했다는 것입니다.
그리고 이러한 방식은 지금까지 소매업의 성공 패턴으
로 자리 잡아왔습니다.
　인터넷의 보급도 이와 마찬가지입니다. 인터넷이라
는 새로운 고속도로가 깔리며 소셜미디어라는 정보망

이 생겼습니다. 고도성장기에 물류망과 정보망이 갖춰진 것과 같은 현상이 현재 진행 중입니다. 그러므로 '고도성장기 때처럼 물류망을 보유하고 대대적으로 광고하는 것이 승리하는 전략이 아닐까'라는 가설이 성립됩니다. 편의점, 우체국과 협력하여 물류 네트워크를 구축하고 대량 광고에 투자한 메루카리[일본의 최대 중고거래 플랫폼]의 성공이 대표적이라 할 수 있습니다.

개인에게 유리한
창조경제

2013년 〈고용의 미래The Future of Employment〉라는 논문에서 AI와 로봇으로 대체될 일을 예측하여 화제가 된 옥스퍼드대학교 마이클 오스본 교수는 AI가 보급됨에 따라 창조경제the creative economy가 도래할 것으로 예측했습니다. 창조경제란, 이제껏 소비자였던 사람이 동시에 창작자가 되기도 하는 양방향형 경제를 말합니다. 유튜버의 대두는 오스본 교수의 예측이 적중했음을 명확하게 보여줍니다.

창조경제는 챗GPT에 의해 더욱 확대될 것입니다. 케이크 가게를 운영한다면, 챗GPT에게 "아이들이 좋아할 만한 생일 케이크를 제안해줘" 하고 요청하여 얼마든지 새로운 아이디어를 얻을 수 있겠지요. 나아가 "더 적은 재료로" 또는 "더 간단한 레시피로"처럼 제약 조건을 추가하거나 "여름 느낌이 나는 과일로 바꿔줘"라고 변형하면서 자신의 상황에 딱 맞는 답을 찾아갈 수 있습니다.

만약 수공예 기술을 가진 사람이라면 챗GPT에게 디자인 아이디어를 얻어 상품을 제작하고 메루카리에서 판매할 수도 있겠지요. 폐허 체험 마니아라면 책의 구성과 문장을 챗GPT에게 작성하도록 지시하여 직접 찍은 폐허 사진과 함께 자비출판해서 아마존을 통해 수익화할 수도 있습니다. '이런 걸 만들고 싶다'라는 아이디어만 있으면 생성형 AI로 머릿속 이미지를 시각화할 수 있습니다.

지금까지 최대공약수에 맞춘 마케팅을 정답으로 여긴 이유는 케이크든 옷이든 일정 개수 이상 만들어야 효율적이었기 때문입니다. 앞으로는 상당액의 개발 예산이나 거대한 기획부가 없어도 개별 맞춤에 특화되고 실행력이 좋은 개인이나 중소기업이 유리합니다.

뛰어난 수공예 기술로 상품에 세계관을 담을 수 있는 사람, 오타쿠처럼 한 분야를 깊이 아는 사람처럼 열광적인 팬 커뮤니티를 가진 개인이나 상점을 중심으로 창조 경제는 앞으로 더욱 확대될 것입니다.

PDCA로 80점이 합격점

before

Plan(계획) → Do(실행) → Check(확인) →
Act(조치) 프로세스를 따른다.

한 번에 시도할 수 있는 수가 적고 사이클을 반복하는 데 시간이 걸린다.

한 번에 반드시 정답을 찾아내야 한다고 생각하며 도전을 회피한다.
'합격점인 80점'까지의 결과물만 기대한다.

DCPA로 120점짜리
창의적인 결과물

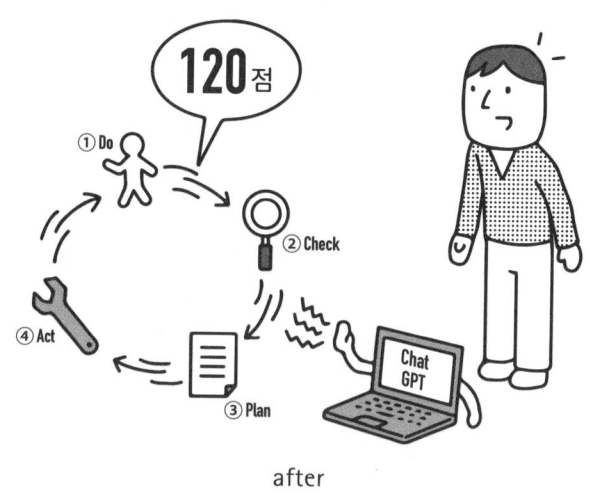

after

Do(실행): 생성형 AI를 사용하여 예시나 유형을 다양하게 만든다.

Check(확인): 최대한 많이 만들어서 그중에 선택한다.
초특급 희귀 아이템이 나올 때까지 계속 도전한다.

Plan(계획): 과감하고 참신한 조합에 영감을 얻어 계획을 발전시킨다.

Act(조치): 120점짜리 창의적인 결과를 만든다.

제 5 장

챗GPT 시대의
학습법

AI 시대, 더 이상
안정된 직업은 없다

지금 어른인 세대는 부모님과 선생님께 '열심히 공부해서 좋은 대학에 들어가라' '안정된 직업을 가져라' 같은 말을 귀에 못이 박히도록 들으며 컸습니다. 그러나 안정된 직업이라는 것은 이미 사라진 지 오래입니다. 2014년 도쿄상공리서치의 조사에 따르면 100세 시대에 기업의 평균 수명은 23.1년이라고 합니다. 이제는 회사에 들어가도 평생 태평하게 자리를 지킬 수 없습니다.

게다가 입시 공부의 의미 자체가 흐려졌습니다. 애초에 입학시험이 왜 필요했을까요? 지금까지는 현실 공간인 교실이 반드시 있어야 했기 때문입니다. 교실에 최대 40명이 앉을 수 있기 때문에 40명 정원이라는 개념이 생긴 것입니다. 교사 한 명이 다수에게 강의하는 방식이므로 한 번에 가르칠 수 있는 인원이 제한적입니다. 물리적인 제약에 따라 한 학년의 인원수가 정해지기 때문에 지원자가 정원보다 많으면 입학시험으로 당락을 결정하는 것이 당연했습니다. 그러나 온라인으로 수업이 진행되면 교실이라는 공간이 필요치 않습니다. 하나의 강의를 한 번에 수만 명, 수십만 명이 들을 수 있으므로 시험으로 당락을 결정할 필요가 없습니다.

앞으로 대학 강의는 원하는 사람이라면 누구나 접근이 가능한 형태로 변해갈 것입니다. 이미 하버드대학교나 스탠퍼드대학교 등 세계적 명문 대학은 누구나 강의를 들을 수 있는 대규모 공개 온라인 강좌MOOC, Massive Open Online Courses를 제공하고 있습니다. 10년 후에는 대학입시 공부라는 말이 다른 의미를 가질 테지요. 이뿐만 아니라 챗GPT로 강의 난이도도 자유롭게 설정할 수 있을 것입니다. 강의를 듣다가 이해하기 힘든 부분이 있으면 "방금 나온 부분을 중학생도 이해할 수 있는 수준으로 다시 설명해줘" 하고 요청하여 이해가 될 때까지 설명을 들을 수 있습니다. 자연히 학교라는 장소의 존재 방식도 크게 달라질 것입니다.

공부하고 싶을 때
공부하는 시대

집에서도 세계 최고 수준의 교육을 받을 수 있다는 것은 교육 비용이 극적으로 줄어든다는 거대한 변화를 시사합니다. 나아가 생성형 AI의 등장은 '누구나 공부하고 싶을 때 공부한다'는 한층 값진 변화를 만들어냈습니다.

학창 시절 '지금 공부하지 않으면 나중에 후회한다'라는 말을 누구나 한 번쯤은 들어봤을 것입니다. 당시에는 그런 말을 아무리 들어도 와닿지 않고 공부할 마음이 생기지 않는데 사회에 나오고 나서 '그때 공부 좀 할걸' 하는 생각이 들 때가 있습니다. 해외여행에 가서 '영어 좀 배워둘걸' 하고 후회하거나 유적이나 문화유산을 보면서 '역사 공부를 해뒀으면 훨씬 즐길 수 있었을 텐데'

하고 생각했다면 공부할 적기가 찾아왔다는 뜻입니다.

목이 마르지 않으면 물을 마실 생각이 들지 않습니다. 아무리 관람평이 좋은 영화라도 관심이 없으면 보다가 잠이 듭니다. 무언가를 공부해야겠다고 마음먹는 계기는 '재미있다' '나한테 필요할지도 모르겠다'라는 깨달음입니다. 그 깨달음을 바탕으로 새로운 지식을 머릿속에 넣고 이해한 지식을 실제로 활용하면서 몸에 익히고 기존 지식과 연결하며 지식을 확장하는 것이 진정한 학습입니다.

학습 속도와 내용을
나에게 맞춘다

우리가 모국어가 아닌 제2언어를 습득할 때는 '깨닫기Noticed Input → 이해Comprehended Input → 내재화Intake → 종합Integration' 4단계를 거친다고 합니다. 제2언어는 이 4단계를 거쳐야 비로소 아웃풋이 가능한(말할 수 있는) 상태가 됩니다. 이 이론에 따르면 영어 공부에서 주입식 암기 교육은 별로 의미가 없습니다. 그보다는 실제로 영어를 사용하는 환경으로 들어가서 '영어를 더 잘 구사할 수 있으면 의사소통이 훨씬 쉬울 텐데'라는 깨달음을 얻는 편이 학습에 도움이 됩니다.

챗GPT를 사용하면 위의 4단계를 진행하는 속도가 현저하게 빨라집니다. 영어 회화가 유창해진 다음 해외여행을 떠나는 것이 아니라 우선 현지의 식당 테이블에 앉아서 챗GPT 앱을 켜고 질문하면 됩니다.

Q │ 레스토랑에서 주문할 때 필요한 영어 회화 표현을 10가지 알려줘.

주문, 계산, 맛의 감상처럼 상황에 맞는 영어 표현을 알려주므로 시험 삼아 현장에서 사용하면 됩니다. "○○(구 또는 절)로 시작되는 문장을 알려줘" "○○라는 표현을 활용한 예문을 가르쳐줘" 하고 요청해도 좋겠지요.

'배워보고 싶다' '공부하고 싶다'라는 깨달음이 찾아왔을 때 자신에게 맞는 수준으로 학습하므로 학교의 외국어 교육 방식보다 더 쉽고 빠르게 익힐 수 있습니다. 무엇보다 공부하려는 의지가 있을 때 시작하므로 과정 자체를 즐기게 됩니다.

외국어 습득에 한정된 이야기가 아닙니다. 데이터과학에 관해 배우고 싶으면 챗GPT를 활용하여 하버드대학교나 스탠퍼드대학교, 매사추세츠공과대학교 같은 유수의 대학에서 강의를 들을 수도 있습니다. 챗GPT에게 "데이터과학을 공부하고 싶으니 MOOC를 추천해줘" 하고 물어보면 됩니다.

챗GPT의 도움을 받으면 누구나 자기가 원할 때 자신에게 맞는 학습 속도와 내용으로 흥미와 관심도에 맞춰서 커리큘럼을 짜는 '진정한 학습'이 실현됩니다. 현시점에서도 챗GPT는 추천 학습법이나 교재를 가르쳐주고 "초등학교 2학년도 이해할 수 있게 설명해줘"라고 요청하면 알기 쉽게 다시 설명해줍니다.

불안과 지루함 사이에서
인간은 몰입한다

사람은 재미있는 게임을 할 때는 시간이 가는 줄도 모르고 온전히 집중합니다. 흥미진진한 스포츠 경기를 보거나 좋아하는 일을 할 때도 마찬가지입니다. 누군가에게 지시받아서가 아니라 자신이 스스로 원해서 하고 싶은 일을 할 때, 그 일 자체가 재미있어서 몰두하다 보면 자연스레 레벨이 올라갑니다. 이른바 몰입 상태로 '존zone에 들어갔다' '흐름을 탔다'라고도 표현합니다. 심리학자 미하이 칙센트미하이는 '몰입이론flow theory'을 다음과 같은 도식으로 설명합니다.

사람은 자기 능력에 비해 난도가 너무 높으면 '불안'을 느낍니다. 하지만 익숙해지면 이번에는 너무 쉬워

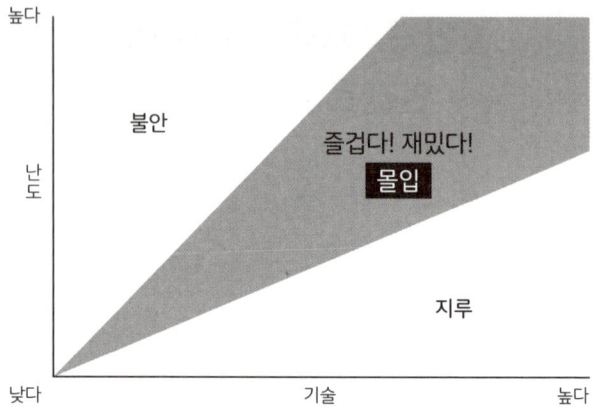

서 '지루함'을 느낍니다. 즉 사람은 불안과 지루함 사이의 적당한 난도에서 몰입하여 집중할 수가 있습니다. 이것이 '플로우'라고 불리는 몰입 상태입니다. 잘 만들어진 게임은 이런 부분이 매우 정교하게 설계되어 있습니다. 유명한 RPG게임인 드래곤 퀘스트는 슬라임이라는 몬스터만 무찌르는 것이 아니라 약간만 노력하면 성공할 수 있는 미션을 잇달아 제공하며 사용자가 늘 불안과 지루함 사이에 있도록 유도합니다. 미션에 성공할 때마다 보상이 따르므로 레벨이 오르면서 새로운 세계로 계속 나아가는 느낌이 드니 재미있을 수밖에 없습니다.

앞서 언급했듯이 "더 쉽게 설명해줘" 하고 요청하면

챗GPT는 개인에게 맞춰서 난이도를 조정해줍니다. 내용이 지나치게 쉬워서 사용자가 지루해하면 숙련도와 흥미도를 고려하여 난도를 높여주고 적당한 공부법과 교재도 추천해줍니다. 계단 한 단의 높이가 너무 높아서 또는 너무 낮아서 오르기가 힘들 때 챗GPT가 단의 높이를 조절해줄 수 있습니다.

너무 높아서 오를 엄두가 나지 않던 계단도, 조금만 노력하면 오를 수 있을 정도로 단의 높이가 자신에게 맞게 적절하게 조절되므로 기꺼이 도전하여 즐겁게 계단을 오를 수 있습니다. 집중하여 계단을 오르는 데 몰두하다 보면 어느샌가 자신이 절대 오를 수 없을 것 같던 위치까지 도달하게 됩니다.

히토쓰바시대학교대학원 구스노키 겐 교수는 일류라 불리는 사람들의 공통적 행동 양식으로 '노력의 오락화'를 꼽습니다. 새로운 것을 배우거나 자신을 성장시키는 과정은 사실 게임만큼 혹은 그 이상으로 즐거운 일입니다. 챗GPT를 활용하면 현실 세계가 게임처럼 즐겁고 설레는 곳으로 바뀝니다.

'기술을 쌓아야 기회를 놓치지 않는다'는 건 옛말

정답주의 사회에서 자란 세대는 위기감을 느끼면 '학교에 들어가서 뭘 배워야겠다' '자격증을 따야겠다'라는 생각이 먼저 듭니다. '앞으로는 디지털 전환이 진행된다고 하니까 프로그래밍 언어를 배워야겠다' 또는 '가게 홈페이지를 개설하고 싶으니 HTML을 배워야겠다' 하고 덧셈 방식으로 새로운 기술을 하나씩 쌓아가면, 자신의 시장 가치가 올라가 기회를 놓치지 않는 인재가 되리라 믿기 때문입니다. 그러나 앞으로 생성형 AI가 확대되면 '기술을 배운다'는 사고방식의 기반이 흔들릴 것입니다.

예전에는 소프트웨어나 시스템을 개발하려면 프로그

래밍 언어가 필요했습니다. 그런데 지금은 영어나 우리말로 프롬프트만 입력하면 생성형 AI가 소스 코드를 만들어줍니다. 이른바 '노코드No-code 개발'이 이미 보급되고 있습니다. 미국에서는 'AI가 가장 먼저 없애버릴 것은 AI 스타트업'이라는 농담 섞인 이야기가 나올 정도입니다. AI를 구동하는 프로그램 자체를 AI가 만들어낼 수 있기 때문입니다.

웹사이트 구축도 마찬가지입니다. 과거에는 사이트를 만들려면 HTML이나 CSS 같은 프로그래밍 언어를 활용하는 엔지니어가 필요했지만 지금은 워드프레스WordPress라는 무료 콘텐츠 관리시스템CMS[웹사이트 콘텐츠를 생성, 관리, 수정하는 데 사용되는 소프트웨어]을 사용하면 초보자도 독자적인 사이트를 손쉽게 만들 수 있습니다. 또한 지금까지는 법률, 회계 분야도 '혹시 모를 기회를 대비하는 자격증'으로 인기가 있었으나 이 또한 머지않아 챗GPT로 상당 부분 대체될 것으로 보입니다.

앞으로는 '무언가를 하려면 어떠한 기술이 필요하다'라는 사고방식 자체가 무의미해집니다. '이런 것이 필요해'라고 말하기만 하면 아주 많은 일을 AI가 대신해주기 때문입니다.

정보 수집에 언어의 벽이
사라진다

유튜브 같은 소셜미디어를 통해 지금은 전 세계 정보를 실시간으로 접할 수 있습니다. 유튜브에서는 '자막 자동 생성 기능'을 사용하면 영어로 진행되는 동영상에 한국어 자막을 실시간으로 띄울 수 있습니다. 나아가 영어 동영상을 내용을 우리말로 요약할 수도 있습니다. 이러한 기능을 사용하면 정보를 수집할 때 비약적으로 효율이 향상됩니다.

유튜브 동영상에 우리말 번역 자막을 만드는 방법(PC 버전)

유튜브에서 '설정―재생과 실적―자동 생성된 자막 포함(사용 가능한 경우)'을 선택합니다. 재생 동영상에서

'설정(톱니바퀴 아이콘) − 자막 − 자동번역 − 언어 선택'을 하면 다양한 동영상을 원하는 언어의 자막으로 시청할 수 있습니다. 단, 일부 동영상은 자막 기능이 제한되어 이 기능을 사용하지 못할 수도 있습니다. 재생 동영상 하단의 자막 아이콘이 활성화되었는지 확인해보세요.

유튜브 동영상 음성을 텍스트로 바꾸기

재생 동영상 아래 있는, 동영상 설명 부분의 '더 보기'를 클릭하고 설명문 아래 있는 '스크립트 표시' 버튼을 클릭하면 재생 동영상 왼쪽에 스크립트가 표시됩니다. 이 방법도 자막이 제공되는 동영상에서 사용 가능합니다. 재생 동영상 하단의 자막 아이콘이 활성화되었는지 확인해봅니다.

유튜브 외국어 동영상 내용을 우리말로 요약하기

저는 구글 크롬의 확장 프로그램을 사용합니다. 구글 크롬 웹스토어에서 'YoutubeDigest: ChatGPT로 요약' 'Youtube Summary with ChatGPT' 키워드를 검색하여 해당 확장 프로그램을 추가할 수 있습니다.

예를 들어 'YoutubeDigest: 챗GPT로 요약' 확장 프

로그램을 구글 크롬에 추가했다면, 'setting(설정)−summary language(언어 선택)'에서 한국어를 선택합니다. 설정을 저장하면 유튜브의 재생 동영상 오른쪽 위에 'summarize'가 표시됩니다. 어떤 식으로 요약문을 표시할지는 'mode'에서 선택할 수 있습니다. 'mode'에는 다양한 형식이 있어서 희망하는 아웃풋을 지정할 수 있습니다. 예를 들어 'article'을 선택하면 기사 형식으로, 'bullet point'를 선택하면 항목별로 요약해줍니다.

사양은 때때로 업데이트됩니다. 우선 여러 가지를 가볍게 시험해보고 마음에 드는 형식을 찾아보세요. 요약 내용 중 더 자세히 알고 싶은 부분이 있으면 타임 스탬프를 클릭하여 동영상의 해당 부분을 시청할 수도 있습니다.

위의 기능들은 영어를 한국어로 바꾸는 것뿐만 아니라 다양한 언어로 이용 가능합니다. 이런 도구를 활용하면 언어의 벽을 가볍게 뛰어넘을 수 있습니다. 특히 주요 해외 미디어가 대부분 유튜브 공식 채널을 운영하므로 채널을 등록해두면 이용하기가 편리합니다. 저는 다음과 같은 채널을 구독 중입니다.

- BBC 뉴스BBC News: 영국을 포함한 유럽 관련 뉴스
  가 자주 업데이트됩니다.
- 텔레그래프The Telegraph: 1855년에 창간된 영국 데일
  리 텔레그래프의 온라인판으로, 러시아와 우크라이
  나 관련 최신 뉴스가 많이 올라옵니다.
- 알자지라 영문판Al Jazeera English: 카타르에 본사가 있
  는 방송국 알자지라의 온라인판으로, 중동의 최신
  뉴스를 보고 싶을 때 확인합니다.

　동영상을 시청하기 전에 챗GPT로 요점을 정리한 후
흥미 있는 구간만 배속으로 시청하면 정보 수집의 효율
이 더욱 높아집니다. 정보 수집의 속도보다 더 중요한
장점은 '다면적으로 접근할 수 있다'는 점입니다. 지상
파의 국제 뉴스만으로 현상을 온전히 이해하는 데는 한
계가 있습니다. 2023년 6월, 프리고진이 모스크바로 진
군한 '바그너의 반란'에 대해 일본의 지상파 뉴스는 거
의 보도하지 않았습니다. 그러나 해외 뉴스 유튜브 채널
을 확인함으로써 각국에서 해당 사건을 어떻게 다루는
지 실시간으로 파악할 수 있었습니다.

유튜브와 AI로
나만의 대학원 만들기

유튜브의 자막 기능이나 챗GPT를 사용한 크롬 확장 프로그램을 이용하면 해외 뉴스뿐만 아니라 해외 대학원과 같은 다양한 학습 기회에 쉽게 접근할 수 있습니다. 앞에서 언급했듯이 하버드대학교나 스탠퍼드대학교, 도쿄대학교 등 명문 대학교와 대학원에서는 MOOC라는 온라인 강좌를 제공합니다. 수강료는 무료거나 대부분 매우 적은 수준입니다. 한 예로 하버드대학교는 컴퓨터과학이나 양자역학, 종교, 예술 등 다양한 분야에 걸친 온라인 강좌를 무료로 공개합니다.

지금까지는 하버드나 스탠퍼드 같은 해외 명문 대학교나 대학원 수업을 들으려면 높은 경쟁률의 입학시험을 통과해야 했을 뿐만 아니라 비싼 학비와 생활비까지 감당해야 했습니다. 이제는 달라졌습니다. 누구나 집에서 인터넷으로 세계 최고 수준의 강의를 들을 수 있습니다. 비용과 더불어 커다란 걸림돌이었던 언어의 벽도 이제는 거의 사라져버렸습니다.

하버드대학교와 스탠퍼드대학교의 온라인 강좌를 조합하여 자신만의 대학원 커리큘럼을 만들 수도 있습니다. 의욕만 있다면 직장을 다니면서도 세계적인 배움의 장에서 마음껏 지식을 흡수할 수 있습니다. 이제는 '의욕이 있는가' '요긴한 툴을 활용할 수 있는가'라는 작은 차이가 엄청난 격차를 만든다는 뜻이기도 합니다.

대표적인 MOOC를 다음과 같이 소개하나 이는 단지 일부에 지나지 않으므로 챗GPT에게 직접 추천받아 자신만의 커리큘럼을 짜보기를 권합니다. 이때도 우선은 '대강 묻기'로 MOOC를 추천받고 흥미가 있는 분야에 대해 "구체적으로 10개의 강좌를 가르쳐줘" 하는 식으로 차근차근 파고들어 가는 편이 좋습니다.

대표적인 온라인 교육 플랫폼 모음

① Coursera: 스탠퍼드대학교 교수가 설립한 온라인

교육 플랫폼입니다. 300개 이상의 세계 일류 대학과 일류 기업이 참가하여 5,800개 이상의 강좌를 제공합니다. 도쿄대도 참가하고 있습니다[연세대, 카이스트 등 국내 대학도 참여 중].

② edX: 하버드대학교와 매사추세츠공과대학교가 공동 설립한 온라인 교육 플랫폼입니다. 두 대학교 외에도 260곳 이상의 대학과 기업이 콘텐츠 파트너로 참가하여 (도쿄대, 교토대 참가) 4,500개 이상의 강좌를 제공합니다[서울대 참여 중].

③ Udacity: IT 분야를 중심으로 전 세계 100개 이상의 기업이 강좌를 제공하는 온라인 교육 플랫폼입니다.

④ MIT OpenCourseWare: 매사추세츠공과대학교가 제공하는 온라인 교육 플랫폼입니다.

⑤ Khan Academy: 교육자 살만 칸이 설립한 온라인 교육 플랫폼입니다. 초등학생부터 고등학생을 대상으로 수학, 물리, 화학, 역사, 미술 등 다양한 과목의 교육 프로그램을 제공합니다. 일본판(https://ja.khanacademy.org/)도 있습니다[한국판 주소는 https://ko.khanacademy.org/].

TED처럼 유튜브에 공식 채널이 있는 경우에는 한국어 자막을 자동 생성할 수 있지만 현시점(2024년 4월)에서 상당수의 MOOC는 유튜브에 공개되어 있지 않기 때문에 자동으로 자막을 생성할 수는 없습니다. 이때는 우선 음성으로 자막을 만든 다음, 'DeepL 번역'과 같은 사이트를 통해 번역할 수 있습니다. 음성을 자막으로 띄우고자 할 때는 구글 '음성 자막 변환 및 알림' 앱을 활용하면 편합니다. 구글 독스 형식으로 변환하기도 쉬워서 유용합니다. 구글 스마트폰인 구글 픽셀과 안드로이드 스마트폰에서도 이용 가능합니다.

이번 장에서 소개한 정보는 2024년 4월 기준이며 번역 결과를 이용할 때는 저작권법상의 사적 이용 범위를 넘을 수 없습니다.

제 6 장

AI가 복사할 수 없는 것

대체될 수 없는
인간만의 능력

제2장에서는 똑똑한 머리를 복사할 수 있다고 이야기했습니다. 그런데 조금 더 정확하게 표현하자면, '99퍼센트까지만 복사할 수 있다'라는 이야기입니다. 그렇다면 복사할 수 없는 나머지 1퍼센트는 무엇일까요? 그건 바로 논리적인 사고력과 합리성으로 이끌어낸 답변에서 한 단계 또는 그 이상을 '뛰어넘는 힘'입니다.

손정의 대표는 소프트뱅크그룹이 적자를 내고 있을 때도 설비투자와 인수합병을 확대해갔습니다. 그야말로 AI에게는 불가능한 결단입니다. 논리적으로 생각하면 '적자이므로 투자는 줄이고 현금을 최대한 확보하여 리스크를 줄인다'라는 결론이 나올 것입니다. 물론 손정의 대표 본인도 이것을 고려했습니다. 그러나 '논리적으로 생각하면 소극적으로 진행하는 것이 맞을 수도 있겠지만, 지금 승부를 내지 않으면 다시는 오지 않을 기회를 놓쳐버릴 것이다'라는 승부사의 감을 따랐기에 결과적으로 큰 성공을 거둔 것이겠지요.

훌륭한 리더는 때때로 이런 비합리적인 결단을 내립니다. 논리적인 사고나 합리성만으로는 절대 도달할 수 없는 결론입니다. 부하직원들도 적잖이 놀라지 않았을까 싶습니다. 'A=B', 'B=C' 그러니 당연히 'A=C'라고 생각하고 있었는데 갑자기 그것을 뛰어넘어 'A=Z'라는 예상 밖의 결론에 도달한 것이니까요.

뛰어넘는 힘이야말로 손정의 대표가 지닌 초일류 경영자로서의 자질이라고 생각합니다. "가장 중요한 것은 자신의 마음과 직감을 따르는 용기"라는 스티브 잡스의 말도 같은 맥락에서 이해할 수 있습니다. 미래에 정답은 없습니다. 미래는 스스로 만드는 것이기 때문입니다. '그래도 하고 싶으니까' '내가 좋아서 하는 일'이라고 단언할 수 있는 자신감이 궁극적으로 논리와 합리성을 뛰어넘는 용기를 만듭니다.

논리적 사고만으로는
현명한 결단을 내릴 수 없다

무언가를 결정할 때 각 선택지를 항목에 따라 ○, ×
표시하며 고민해본 적이 있나요? 카레와 라면 사이에서
고민될 때 가격, 칼로리, 영양 등 우선순위를 매겨 ○, ×
로 표시한 다음 동그라미가 많은 쪽을 선택하는 것입니
다(이런 표를 장단점 표pro-con table, 유불리 표merit-demerit table
라고도 부릅니다). 선택지가 카레와 라면이라면 어느 쪽을
고르든 훌륭한 선택이겠지만 기업 경영에서의 의사결정
은 이보다 복잡할 수밖에 없습니다. 그런데 기업 경영진
중에도 '장단점 표 만들기=의사결정'이라고 생각하는
사람이 드물지 않습니다. 크게 잘못된 생각입니다.

'신규 시장에 참가할까 말까?'

'사업을 철수할까 말까?'

'신규 공장을 A시에 지을까, B시에 지을까?'

이에 대해 여러 항목을 면밀하게 조사하여 각각의 장단점을 비교할 수 있게 일람표로 만들어서 장점에 동그라미가 많은 쪽을 선택하는 식입니다. 이는 결코 현명한 의사결정이 아닙니다.

장단점 표는 체크리스트로서는 도움이 되지만 의사결정 도구로는 적합하지 않습니다. 어떤 항목을 포함하느냐에 따라 ○, ×의 비율은 얼마든지 달라집니다. 전제가 조금만 달라져도 수치가 큰 폭으로 달라집니다. 장단점 표를 만드는 이유는 정보를 정리하기 위해서입니다. 카레가 더 비싸다는 사실을 알게 되면 지갑에 남아 있는 돈을 확인하고, 라면의 염분이 높다는 걸 알게 되면 건강검진 결과를 떠올리겠지요. 이런 식으로 장단점을 하나하나 따져본 다음, '그래도 나는 라면이 먹고 싶다'라는 결론을 내리는 것이 의사결정입니다.

앞으로 ○, ×를 매기는 작업은 챗GPT가 할 것입니다. 이제 인간에게는 의사결정이라는 역할만 남았습니다. 이에 대해서도 오해하는 사람이 많습니다. 분명히 밝혀두건대, 의사결정은 논리적 사고력만으로 할 수 있는 일이 아닙니다. 논리적으로 100퍼센트 옳은 선택지가 있다면 제시된 선택지를 그대로 실행하면 되니 결단을 내릴 필요도 없습니다. 그러나 비즈니스에서 '논리적으로 100퍼센트 옳은 답'이란 존재하지 않습니다.

결정적인 판단은 대체로 비합리적인 것입니다. 리더는 모든 것이 불확실한 상황에서 결정을 내리고 각오를 다집니다. 모든 선택지를 저울에 재본 다음, 많은 직원과 관계자의 생활을 책임진다는 생각으로 합리성을 뛰어넘는 결단을 내리는 것이 리더의 역할입니다.

챗GPT는 인간을
바보로 만드는가

합리적 사고를 뛰어넘는 힘은 어디서 나올까요? 결국 '꼭 하고 싶다'라고 강하게 바라는 자기 안의 목소리를 따르는 방법밖에 없으리라 생각합니다. 손정의 대표의 결단도 '그래도 하고 싶다'라는 굳은 의지에 따른 것이 아닐까요? 그리고 부하직원과 사업 파트너도 '이 사람의 말이라면 믿고 따라갈 수 있겠다'라고 납득한 것이 아닐까요?

마이크로소프트 365 코파일럿과 같은 AI는 기존 상담 이력과 고객 데이터를 기반으로 "다음 회의에서 ○○ 같은 제안을 해보면 어떨까요?" "이 고객은 발전 가능성이 크니 최대 ○○퍼센트까지 할인을 제공하는 것이 좋습니다" 하는 식의 제안을 내놓습니다. 과거의 방대한 데이터를 분석하고 패턴을 예측하는 일은 이미 사람보다 AI가 훨씬 빠릅니다.

인간이 하던 일을 AI가 이 정도까지 대신해주면 '인간이 스스로 생각하는 힘을 잃지는 않을까' 하고 위기감을 느끼는 사람도 있을지 모릅니다. 실제로 챗GPT와 같은 생성형 AI에 의지하면 생각하는 힘을 잃어 멍청해질 것을 우려하는 경계론이 사회에 꽤 널리 퍼져 있습니다. 그러나 저는 그렇게 생각하지 않습니다. 사고력이 저하되는 것이 아니라 요구되는 사고방식이 달라지는 것입니다.

"이 고객은 본인이 만들고자 하는 미래의 이미지가 뚜렷하고 신뢰할 수 있는 사람입니다. 이 고객은 분명 성장할 것입니다. AI는 최대 ○○퍼센트까지만 할인하라고 제안하나, 장기 이용을 조건으로 더욱 할인된 가격을 제시하고자 합니다."

앞으로는 이런 식의 의사결정이 필요해집니다. 다각적으로 검토한 후 '이렇게 하고 싶다'는 마음을 따르는 것, 이것이야말로 인간이 해야 할 일입니다.

그런데 하고 싶은 일을 한다는 것은 사실 쉽지 않습니다. 지금껏 정답을 좇아 살아왔기에 습관적으로 하고 싶은 일보다 해야 할 일을 찾기 때문입니다.

인풋과 아웃풋을 반복하며
자신의 축을 발견하기

자신이 하고 싶은 일을 아는 것을 저는 '자신의 중심
축을 가지고 있다'라고 표현합니다. 라인야후아카데미
아[라인야후그룹의 기업 내 대학]에서는 '자신의 축 만들기'
를 무엇보다 강조합니다. 그곳의 커리큘럼은 대화 중심
으로, 2인이 한 팀이 되어 서로에게 말하고 듣고 질문하
면서 자기 마음의 소리에 귀를 기울이도록 설계되어 있
습니다. 대화를 통해 다음과 같은 과정으로 자신을 돌아
봅니다.

- 이런 일이 있었다(What): 오늘 공부 모임에 참가했다.
- 이것은 내게 어떤 의미가 있나(So what?): 다른 사람

에게 쉽게 풀어서 설명해줬더니 상대방이 기뻐해서 나도 기분이 좋았다.

- 그렇구나!(Aha!): 어쩌면 쉽게 설명하는 게 내 특기 일지도!

대화를 중시하는 이유는 자기 내면을 언어화하고 사고를 깊게 만드는 작업을 혼자서 하기는 힘들기 때문입니다. 우리는 인풋과 아웃풋을 반복하면서 깨달음을 얻습니다. '공부 모임에 참가했다'라는 인풋만으로는 아무 발견도 하지 못합니다. '이런 일이 있었다'라고 누군가에게 말하거나 글로 써서 아웃풋을 냄으로써 의미를 생각하고 새로운 발견을 하는 것입니다.

답답함의 원인은
대부분 아웃풋 부족

최근 자신이 정체되어 있거나 성장이 멈춘 것 같다고 느낀다면 인풋과 아웃풋이 원만하게 이루어지지 않는 상태일 가능성이 큽니다. 일이 바쁘거나 몸이 피곤하면 아무래도 인풋 시간이 부족하기 쉽습니다. 사놓은 책을 읽지 않고 쌓아두기만 하는 상태와 비슷합니다. 마음에 여유가 없으므로 새로운 정보를 봐도 좀처럼 머릿속에 들어오질 않습니다. 인풋은 충분한데 도통 내 것으로 흡수되지 않는 느낌이 들 때는 아웃풋이 부족한 경우가 많습니다. 인풋한 지식을 머릿속에 그대로 두는 것이 아니라 아웃풋을 해야 비로소 자신만의 발견이 가능해집니다.

인풋과 아웃풋의 사이클이 제대로 돌아가지 않을 때

대부분 인풋의 양을 늘리려 하지만 사실 아웃풋이 부족한 상황이므로 인풋을 늘려봤자 효과가 없습니다. 우선 아웃풋의 양을 의식할 필요가 있습니다. 라인야후아카데미아에서는 4인이 한 조가 되어 대화하는 형태로 아웃풋을 냅니다. 혼자라면 일기를 쓰거나 소셜미디어에 게시물을 올리는 방법으로 아웃풋을 만들 수 있습니다.

저는 요즘 음성 플랫폼 보이시Voicy에서 콘텐츠를 제작하여 제공하는 진행자로 활동합니다. '오늘은 이런 일이 있었다'라고 청취자에게 말함으로써 아웃풋을 만듭니다. 인풋과 아웃풋의 반복을 습관화하는 것이 무엇보다 중요합니다. 다시 강조하지만 생각이 자꾸 같은 자리에서 맴도는 것 같을 땐 아웃풋 부족이 아닌지 점검해보는 편이 좋습니다. 고민을 친구나 가족에게 털어놓았더니 상대가 딱히 해답을 제시한 것도 아닌데 머리가 맑아지면서 해결의 실마리를 발견할 때가 있지요. 고민을 타인에게 이야기하는 일의 최대 효용은 '구체적인 조언을 얻는 것'이 아니라 '스스로 생각을 정리하는 것'입니다. 아웃풋을 함으로써 자신이 찾던 생각을 발견하면 문제는 자연스레 해결을 향해 나아가기 시작합니다.

나의 전속 코치 챗GPT와
좋은 가설을 찾는다

라인야후아카데미아에서 아웃풋을 만들기 위해 진행하는 대화를 챗GPT와도 할 수가 있습니다. 챗GPT를 전속 코치로 설정하고 자신의 내면을 들여다보는 데 활용하는 것입니다. 라인야후아카데미아식의 대화는 언제나 '지금 컨디션은 어떤가요?'라는 질문으로 시작합니다. 매일 밤 챗GPT에 "오늘 컨디션은 어떻습니까?" "오늘 가장 인상적인 일은 무엇이었나요?" 같은 질문을 던져달라고 요청하여 여기서부터 대화를 시작해봐도 좋겠지요. 날마다 반복되는 일정으로 등록해두면 자연스럽게 습관이 됩니다.

챗GPT를 코치로 삼아 다음과 같은 요청을 해볼 수도

있습니다.

Q   너는 나의 전속 코치야. 너의 역할은 '나의 성장축을 발견하는 것'이야. '요즘 어떤가요?'라는 말로 대화를 시작해서 이어가줘.

Q   너는 나의 전속 코치야. 내가 직업 가치관을 명확하게 정립할 수 있도록 10개의 질문을 해줘.

Q   회의에서 의견을 냈는데 침묵만 흘렀어. 사람들이 아무 말도 하지 않은 이유를 10가지 알려줘.

마지막 질문에 대한 챗GPT의 답변 중 '사전에 정보 공유가 충분히 이루어지지 않아서'라는 이유의 가능성이 커 보이면 그것을 가설로 세웁니다. 가설이 수립되면 '다음번 회의에서 이 부분을 보완하여 만회해야겠다'라는 타개책이 보이기 시작합니다.

KPT 같은 프레임워크를 사용하여 챗GPT와 랠리를 하는 방법도 유용합니다. KPT는 Keep-Problem-Try의 약자로 회고를 통해 프로젝트나 작업을 평가하고 개선하는 데 유용한 방법론입니다.

- Keep: 좋았던 부분으로 앞으로도 계속 유지할 부분
- Problem: 해결해야 할 문제
- Try: 새롭게 시도할 점

이 방법을 챗GPT와의 대화에 적용하고 싶다면 다음과 같이 입력하면 됩니다.

Q 너는 나의 전속 코치야. 나에게 KPT 방법을 사용하여 프로젝트를 돌아보고 이로써 얻을 수 있는 교훈과 향후 행동으로 이어지도록 적절한 질문을 하나씩 던지며 대화를 진행해줘.

#코치 스타일:
질문은 한 번에 하나씩 해줘. 대답하고 싶은 의욕이 일도록 대화를 진행해줘. 사고의 깊이를 더해갈 수 있도록 적절히 추가 질문을 하거나 요약해줘. KPT 단계를 마치면 마지막으로 내용을 정리하고 나를 격려해줘.

고대 그리스 철학자 소크라테스는 대화를 통해 진리

를 추구하였습니다. 소크라테스의 방식을 딴 소크라테스식 문답법(산파법)이 따로 있을 정도입니다. 꼬리에 꼬리를 무는 질문을 던져 가설을 제거하여 상대가 가진 전제의 오류, 모순, 문제점이 드러나도록 유도함으로써 더 나은 가설을 끌어내는 방식입니다. 챗GPT에게 "소크라테스식 문답법으로 내게 질문해줘"라고 입력하면 일상에서는 접하기 어려운 철학적인 질문을 건네주므로 신선한 자극을 얻을 수 있습니다.

뒤죽박죽 엉킨 생각을
언어화하기

앞에서 소개한 것 외에도 유용한 대답을 얻을 수 있는 방법이 있습니다. 챗GPT에게 "다른 개선점이 있을까?" 하고 물어보는 것입니다. "나는 쉽게 위축되는 편이므로 세 번 중 한 번꼴로 장점을 칭찬하면서 질문을 계속해줘" 같은 다양한 제약 조건을 추가해도 좋습니다. 챗GPT의 스마트폰 앱은 음성 인식 정밀도가 상당히 높아서 혼잣말하듯이 음성으로 입력하여 챗GPT와 공을 주고받을 수도 있습니다.

Q '오늘 하루 돌아보기'에 대해 이야기할 거야. '돌아보기 끝'이라고 내가 말할 때까지 계속 질문해줘. '이제 끝'이라고 말

하면 적절히 내용을 정리하여 앞으로 도움이 될 만한 조언을 해줘.

챗GPT는 말로 표현하기 힘들 정도로 답답한 상태에서도 유용하게 쓰입니다. 아무것도 정리되지 않은 상태 그대로 챗GPT와 대화를 시작하기만 하면 됩니다. 저는 다음과 같이 요청합니다.

Q 이유는 잘 모르겠지만 힘들어. 해결할 수 있도록 내게 질문을 던져줘.

이때 "당신이 안고 있는 문제나 감정에 대해 조금 상세하게 알려주세요"라는 답변이 올 때도 있는데 설명하기 귀찮을 때는 "그냥 질문을 던져줘" 하고 챗GPT에게 공을 되돌려줍니다. 그러면 다음과 같은 질문이 돌아옵니다.

- 최근 어떤 일이 당신을 힘들게 했나요?
- 괴로운 마음이 당신 일상생활이나 건강에 어떤 영향을 미쳤나요?

- 이제껏 비슷한 상황이나 감정을 겪은 적 있나요? 있다면 어떤 식으로 대처했나요?
- 그때는 가까운 친구나 가족에게 이런 상황을 말했나요? 말했다면 그 반응은 어땠습니까?
- 앞으로 어떤 변화와 해결책을 희망하는지 구체적으로 가르쳐줄 수 있나요?

마음에 드는 질문이 없으면 재생성 버튼을 눌러 적절한 질문이 나올 때까지 반복합니다. 마음에 와닿는 질문을 발견했다면 그 부분을 차근차근 파고들어 가며 생각해봅니다. "○○에 대해 가능성 있는 원인을 10개 알려줘"라는 식으로 요청해도 좋습니다.

혼란스러운 상태를 분석해서 '이런 것입니까?' 하고 언어화하는 것은 챗GPT의 특기입니다. 시작은 늘 대강 해도 됩니다. "지루해" "답답해" "혼란스러워"만으로 충분합니다. 자신이 스스로 언어화하기 힘든 상태라도 제시된 텍스트를 보고 '이것에 가깝다'라는 생각이 드는 항목을 찾아가다 보면 머릿속이 정리됩니다. 이런 방식으로 인풋과 아웃풋을 반복하는 데 챗GPT는 최고의 파트너가 되어줍니다.

'요즘 어때?'를
말버릇으로 만들기

처음 미국에서 지낼 때 누구를 마주하든 "How are you?"라고 묻는 것이 무척 인상적이었습니다. 일상에서 쓰는 전형적인 인사지만 질문을 받으면 "잘 지내요" "요즘 좀 바빴어요" "감기에 걸려서 고생했어요" 하고 어떤 답변이든 하게 됩니다. 일본과 미국의 의사소통 방식이 다른 이유 중 하나는 "How are you?"라는 인사 때문일지도 모릅니다.

실제로 "How are you?"는 인풋과 아웃풋을 반복하는 기본입니다. "요즘 어때?"라고 질문받으면 네, 아니요로는 대답할 수 없으므로 '요즘 어땠지?' 하고 순간 생각하게 됩니다. 대부분은 "잘 지내요" 하고 전형적인 대답을 하지만 가까운 사이라면 "사실은 오랜만에 차로 멀리 나갔는데 길이 엄청 막혀서 허리가 아파서 혼났어"라고 대답할 수도 있겠지요. 자신의 상태를 말로 표현하는 연습을 무의식적으로 반복하는 것입니다.

회사에서의 원온원1on1 미팅(상사와 부하가 일대일로 진행하는 면담)도 마찬가지입니다. 원온원 미팅의 가장 큰 목적은 상사가 부하직원의 상황을 파악하거나 업무를 지도하는 것이 아닙니다. 부하직원은 일단 "요즘 어때?"라는 질문을 받으면 상황을 설명하려고 머리를 움직입니다. '요즘 어땠더라?' '조금 정체된 느낌인가?' '어째서일까?' 하는 식으로 현상을 언어화하려고 시도합니다.

원온원 미팅은 엉킨 머릿속을 언어화로 정리하는 방법인 셈입니다. 이때 상사의 역할은 '답을 제시하는 것'이 아니라 랠리 상대가 되어 공을 주고받으며 부하직원이 생각을 정리하도록 돕는 것입니다. 앞으로는 질문을 던져주는 상사가 없어도 챗GPT와의 랠리가 원온원 미팅의 기능을 수행하게 될 것입니다.

호기심 스위치를
작동시키는 감탄사

지금까지는 챗GPT를 활용하여 아웃풋을 만드는 방법에 대해 알아보았습니다. 한편, 인풋 부족으로 사고가 멈춰 있을 때는 어떻게 해야 할까요? 바빠서 인풋 시간이 부족한 경우라면 시간을 만들어내거나 바쁜 시기가 지나갈 때까지 기다리면 되니 비교적 간단하게 답이 나옵니다. 그런데 호기심이 일지 않아서 인풋이 부족한 경우도 있습니다. 무엇을 보든 관심이 가지 않아 그냥 지나쳐버리는 상태입니다. 이때는 어떤 상황이든 '관심 없고 얼른 집에 가고 싶다'라는 생각밖에 들지 않으니 새로운 깨달음은 기대할 수 없습니다. 발전하지 못하고 변화나 성장이 없는 상태에 갇혀 있는 느낌이 듭니다.

이런 상황에서 추천하는 방법은 조금이라도 눈길이 가는 것을 발견하면 우선 "대단해!" "굉장한데!"라고 말하고 보는 것입니다. 저는 43세 때 종합사무용품 회사인 플러스에 근무하면서 소프트뱅크아카데미아라는 기업 내 교육 프로그램에 참여하였습니다.

손정의 대표의 후계자를 발굴한다는 홍보 문구가 있던 만큼 동기들은 하나같이 빛나는 사람들이었습니다. 그들의 공통점 중 하나가 "대단해!" "굉장해!"라는 말버릇이었습니다. 그래서 그들을 따라서 일단 그렇게 말해 보려고 노력했습니다. 당시 저는 '망설여질 땐 하지 않는다'를 신조로 삼을 정도로 소극적인 사람이었습니다. 동기들이 나중에 "처음에는 재미없는 아저씨 같았어요"라고 말했을 정도입니다. 그런 제가 "대단해!" "굉장한데!"라는 말버릇으로 다른 사람이 되었습니다.

그렇게 외치고 나면 마음이 그 말을 따라 정말 대단하고 굉장한 것을 찾아냅니다. 가슴이 다시 두근거리며 자신이 좋아하는 일, 재밌다고 느끼는 일을 자연스레 발견하게 되는 것입니다. "대단해!" "굉장해!"는 꺼져 있던 호기심 스위치를 켜는 마법의 말입니다.

30퍼센트밖에
보지 못한다

거리를 걸을 때 우리의 눈앞에는 다양한 광경이 펼쳐집니다. 그런데 일설에 따르면, 인간은 눈앞의 풍경 중 겨우 30퍼센트만 인식한다고 합니다. 30퍼센트밖에 못 보면서 대체 무엇을 하고 있을까요? 우리는 과거를 후회하고 미래를 불안해하는 데 의식의 대부분을 집중하고 있다고 합니다.

'어제도 실수해서 혼났네.'

'내일 회사에 가기 싫다.'

'이제 통장에 돈도 거의 없는데 어쩌지.'

지난 일에 끙끙대거나 미래를 불안해하며 실제로 존재하지 않는 것에 마음을 빼앗긴 채로 눈앞의 것을 보지 못합니다. 그렇게 시간만 보냅니다.

최근 화제가 된 마음챙김mindfulness은 '지금, 여기'에 의식을 집중하는 연습입니다. 의식을 지금, 여기로 돌리는 연습을 반복함으로써 실재하지 않는 것에 빼앗겼던 마음을 현재에 집중하게 만듭니다. 마음챙김은 구글이 직원 연수에 도입하면서 빠른 속도로 업계 전반에 보급되었습니다.

이를 스트레스 관리 방법으로 알고 있는 사람이 많지만 구글이 이 방법을 도입한 본래의 목적은 직원의 창의력 증진이었습니다. 과거와 미래에 사로잡혀서 현재를 보지 못하면 눈앞의 어떤 것에도 두근거림을 느끼지 못합니다. 그래서는 창의적인 사고를 기대할 수 없습니다. 창의성은 자고로 마음의 소리를 따르고 눈앞의 일에서 힌트를 얻는 데서 비롯되기 때문입니다.

무난하게 주변의 정답에 맞춘다

before

도전 비용이 높다.

주변 정답에 맞추며 무난해진다.

나만의 개성이 사라진다.

나만의 축으로 결정한다

after

챗GPT 덕분에 도전 비용이 내려가고 '번뜩임'이 생긴다.

'나는 무엇에 기뻐하는가'
'상대는 무엇에 기뻐하는가'를 부딪히며 익힌다.

나만의 축을 세우고 그것을 토대로 결정한다.

제 7 장

'해야 한다'가 아니라 '하고 싶다'에서 시작하기

아이폰과 갈라파고스폰의
갈림길은 무엇일까?

원래부터 자신의 축이 확고한 사람도 있지만 대부분은 자기가 무엇을 좋아하는지, 무엇을 하고 싶어 하는지 쉽게 깨닫지 못합니다. 저도 50세가 넘어서야 지금 하는 일이 천직임을 알게 되었습니다. 그러니 처음에는 누군가의 지시를 받으며 '해야 한다'라는 동기로 움직여도 됩니다. 행동에 마음을 담으려고 애쓰지 않아도 괜찮습니다.

그러나 이런 상태에서도 자기 마음이 어디로 움직이는지 방향성(벡터)을 찾아가고자 노력할 필요가 있습니다. 눈앞의 벽을 무너뜨리려고 계속 시도하면 하고 싶은 것이 반드시 보이기 마련입니다. 그때 '하고 싶다'라는 동기로 움직이기 시작하면 됩니다.

그런 의지를 바탕으로 삼아 한 발을 내디디면 어떤 일이 벌어질까요? 머지않아 '나도 이것이 좋아' '나도 같이 하고 싶어'라며 공감해주는 사람들이 하나둘 나타납니다. 동료가 생기면 상황이 달라집니다. 면밀하게 시장을 분석하여 최대공약수에 맞춰 마케팅하기보다 완전히 자신의 세계관에 맞춘 것을 선보여 소수라도 좋으니 열광적인 팬을 확보하는 것입니다. '고객'이 아니라 '동료'를 만드는 과정입니다. 앞으로는 이런 식의 순환이 사업으로 이어집니다.

아이폰이 탄생한 2007년, 일본에서는 휴대폰 제조사들이 한창 마케팅에 열을 올리고 있었습니다. 시장조사를 반복하며 어떤 기능을 원하는지 고객에게 물었습니다. 고객은 기존 제품의 연장선에서 '배터리가 오래가면 좋겠다' '더 다양한 이모티콘을 사용하고 싶다' '기분에 따라 디자인을 바꾸고 싶다' 같은 희망 사항을 전했습니다.

제조사는 고객의 요구를 충실히 반영하였습니다. 그 결과, 케이스를 100종 이상 교체할 수 있는 휴대폰, 음악을 100시간 이상 연속 재생할 수 있는 휴대폰처럼 다양한 상품이 매 시즌 발표되었습니다. 이로써 일본의 휴대폰은 점차 세분화되며 세계의 트렌드와는 무관하게 독자적으로 진화하며 갈라파고스화되었습니다.

그러다 아이폰이 일본에 상륙해 순식간에 시장을 석권하자 일본 제조사는 휴대폰 사업을 철수했습니다. 스티브 잡스는 고객의 요구로 아이폰을 만든 것이 아닙니다. '이런 디자인으로 만들고 싶다'는 자신의 의지를 바탕으로 움직였습니다. 자신이 바라는 미래를 현실로 구현한 것입니다.

'없는 것을 채운다'에서
'원하는 것을 만든다'로

지금까지는 없는 것을 채운다는 개념의 비즈니스가 주류였습니다. 자동차가 부족하니 더 만들고 냉장고가 필요하니 만든 것입니다. 동일한 시간에 더 많은 것을 생산하는 회사, 기존 제품을 개선하는 회사가 높은 평가를 받는 시장이었습니다. 해결해야 할 문제가 명확했습니다. 하지만 시대가 달라졌습니다. 자동차도 냉장고도 이제 부족하지 않습니다. 자동차는 집마다 있으며 굳이 사지 않고 공유 서비스를 이용해도 충분합니다. 휴대폰도 마찬가지입니다. 저마다 하나씩은 가지고 있어서 언제 어디서나 영화, 동영상을 볼 수 있습니다. 지금은 '없는 것'을 찾기 힘든 시대입니다. 완전히 충족된 상태까지는 아니더라도, 악착같이 노력해서 채우고 싶은 '결핍'을 찾기가 힘듭니다. 사람들은 애초에 자신이 무엇을 원하는지를 모릅니다. 현재 일본은 카피라이터 이토이 시게사토 씨가 1988년 백화점 광고에서 쓴 명카피 "갖고 싶은 것을 갖고 싶다"와 같은 세계가 되었습니다.

이런 세계에서는 '냉장고가 필요하다. 한 세대의 평균 인원이 4명이므로 4인 가족용 냉장고를 만든다'라는 식의 최대공약수로 정답을 찾는 것은 더 이상 효과를 발휘하지 못합니다. 이제는 '이런 것을 만들고 싶다'는 공급자의 강한 의지가 중요합니다.

2023년 6월 공개된 애플의 '비전 프로'의 콘셉트 무비는 2주 만에 재생수 5,100만 회를 넘기며 유튜브에서 공개된 애플 동영상 중 최고 재생수를 기록했습니다. '복합혼합현실 헤드셋형 PC가 필요하다'라고 생각한 적이 없어도, 내가 있는 공간이 극장으로 바뀌고 손가락만 까딱하여 조작하는 영상을 보고 나면 '그런 미래가 있으면 좋겠다' '나도 갖고 싶다'라는 생각이 듭니다. 이미 '부족한 것을 만든다'에서 '갖고 싶은 것을 만든다'로 바뀌고 있는 것입니다.

미래의 상황을 의미하는 'vision'의 어원은 라틴어의

'videre'로, '보다'를 의미합니다. 자기가 바라는 것, 자기가 만들고 싶은 것을 불완전하더라도 우선 형태로 만들어보면 지금까지 보이지 않던 미래가 보일 것입니다. 점차 그 미래에 공감하는 사람들이 하나둘 모여 동료가 되고, 동료가 늘어나면 미래가 현실이 되고, 동료가 팬이 되어 '이거 괜찮다'라며 주변에 추천합니다. '무엇을 원합니까?' 하고 고객에게 묻는 것이 아니라 '이런 것을 만들고 싶다'라는 열정에 공감해주는 사람을 늘려가는 것이 이 시대의 마케팅입니다.

'왜 이 일을 하는가'라는
마음이 원동력

경영학에는 아웃사이드-인outside-in, 인사이드-아 웃inside-out이라는 용어가 있습니다.

- 아웃사이드-인: 시장의 수요나 경향에 맞춰서 상품 이나 서비스를 만든다.
- 인사이드-아웃: 내적동기에 따라 행동한다(자기 내 면의 목소리를 따른다).

예전에는 아웃사이드-인, 즉 시장조사를 시행해 니즈 를 역산하여 상품을 만들면 어느 정도 판매가 보장됐습 니다. 그러나 지금은 다릅니다. 챗GPT가 시장조사를 해주니 아웃사이드-인 방식이 누구에게나 가능해져서 전혀 가치가 없어진 것입니다. 이때 희소성을 띠는 것이 인사이드-아웃 방식입니다.

인사이드-아웃을 이해하기 쉽게 설명한 동영상이 있습니다. 작가 사이먼 시넥이 TED에서 '뛰어난 리더는 어떻게 행동을 촉진하는가How Great Leaders Inspire Action'라는 주제로 강연한 영상인데 6천만 회 이상 재생된 전설의 스피치입니다. 이 강연은《스타트 위드 와이Start With Why》라는 제목의 책으로 발간되기도 했습니다.

이 강연에서 시넥은 많은 사람을 움직이는 위대한 지도자는 '왜 이 일을 하는가(why)'라는 질문을 중심으로 리더십을 발휘한다고 말합니다. '왜 이 일을 하는가?'라는 질문에는 이 일을 꼭 하고 싶으니까'라는 마음이 있기에 이를 달성하고자 '어떻게 하는가(how)' '무엇을 하는가(what)'라는 단계로 나아간다는 것입니다. 사람을 움직이게 하는 것은 '무엇?'이 아니라 '왜?'라는 마음이라고 시넥은 강조합니다.

잘 생각해보면 아무리 상대가 논리적으로 옳은 말을 해도 우리의 감정은 좀처럼 움직이지 않습니다. '이 사람은 진심으로 이 일을 하고 싶어 하는구나'라는 생각이

들고 공감을 해야 비로소 마음이 움직이기 시작합니다. 위대한 리더들은 이를 토대로 사람들의 마음을 움직이고 그들에게서 원하는 행동을 끌어냅니다. 희소한 가치는 '무엇'이 아닌 '왜'에서 출발하는 것입니다.

무작정 시작한 신규 사업 프로젝트가
실패하는 이유

최근에는 '목적 경영'을 도입하는 회사가 늘어나고 있습니다. '우리는 왜 존재하는가'라는 존재 의식과 철학을 명확하게 내세우며 직원, 고객, 주주에게 공감을 받는 경영방식이 목적 경영입니다. 목적은 고객의 니즈에 따라 만드는 것이 아닙니다. 자기(자사) 내부의 목소리에 귀를 기울이며 어떤 미래를 만들고 싶은지 그 미래에서 어떻게 활약할지를 그려가는 것입니다.

지금까지는 경영에서 합리성을 원칙으로 삼아왔습니다. 더 많은 이익을 내서 주주에게 환원하기 위해 회사가 존재한다는 사고방식입니다. 그러나 이제는 '왜 당신이 그것을 하는가?(why you?)'라는 질문에 직면할 것입니다.

2023년에 일본 기업 경영자 협회가 '일본 기업의 혁신 창출을 위해 경영자에게 보내는 제언'을 발표하였습니다. 여기에 혁신 창출을 위한 과제와 대응 방침으로 다음과 같은 내용이 제시되었습니다.

1. 자사의 존재 의식, 이념을 철저히 구축하여 조직에 불어넣기
2. 다양성과 포용성 추진
3. 지知의 심화와 탐색
4. 신규 사업 모집과 제안
5. 오픈 이노베이션(산학 연계 등) 추진

가장 먼저 '자사의 존재 의식과 이념을 철저히 구축하여 조직에 불어넣기'가 있다는 점에서 주목할 필요가 있습니다. '왜?'가 맨 처음에 옵니다. 이 순서를 틀리면 제대로 진행되지 않습니다. '아무튼 새로운 사업을 시작해보자' '뭐가 됐든 사내 기업을 늘려보자' 하는 식의 프로젝트가 실패하기 쉬운 이유는 '왜 이 일을 하는가'라는 이유가 배제된 채로 달리기 시작하기 때문입니다. 수단이 목적화된 것입니다. 현장에서 분투하는 실무자에게

는 당연한 내용일 수도 있으나, 기업 경영자 협회와 같은 단체가 이런 내용을 발표했다는 데에 커다란 의미가 있습니다.

2018년 나이키는 미식축구 선수 콜린 캐퍼닉을 광고 모델로 기용하여 큰 화제가 되었습니다. 캐퍼닉 선수는 인종차별에 저항하기 위해 미국 국가 제창 시 기립을 거부한 일 때문에 사실상 리그에서 추방된 상태였기 때문입니다. 나이키는 광고에서 캐퍼닉 선수의 얼굴을 클로즈업하고 "신념을 가져라. 설령 그것이 모든 것을 희생함을 의미할지라도Believe in something. Even if it means sacrificing everything"라는 카피를 내걸었습니다. 격한 논쟁을 불러일으켰지만 젊은 층을 중심으로 절대적인 지지를 받으며 결과적으로 주가를 끌어올렸습니다. 리스크를 감수하면서 자사의 기업 철학을 관철한 사례입니다.

기술을 익히는 것이
인생의 목적이 되면 안 된다

이제는 인사이드-아웃이 가능한 사람만, 뚜렷한 철학과 세계관을 가진 회사만 살아남는 시대가 옵니다. 제가 학부장으로 있는 무사시노 EMC에서는 학생들이 자신의 꿈을 이야기합니다. 실리콘밸리에 가보기도 하고 활약 중인 리더의 이야기를 들으면서 '이런 것을 해보고 싶다'라는 꿈을 만들어갑니다. 이때 주변의 동료에게 자신의 꿈을 이야기하고 '좋다' '재밌겠다' 또는 '이렇게 해보면 어떨까?' 하는 피드백을 받으며 조금씩 행동으로 옮겨갑니다. 꿈을 형태로 만들어가는 과정에서 '인터넷으로 물건을 팔려면 마케팅 지식이 필요하겠다' '돈의 흐름을 모르면 회사를 유지하기 어려울 테니 회계 지식을 쌓아야겠다'라고 자연스럽게 생각하게 됩니다. 교육 과정에는 관련 기술을 습득하는 프로그램도 물론 있습니다.

마케팅이나 회계 지식만으로 회사를 운영할 수는 없습니다. 그런 지식과 기술은 창업과 경영에 필요한 하나의 도구에 불과합니다. 그럼에도 많은 사람이 수단을 목적화합니다. '이렇게 되고 싶다'라는 마음에서 시작해야 하지만 어느샌가 기술 자체가 인생의 목적이 되어 기술만 있으면 안심할 수 있으리라 착각하며 살아갑니다. 그래서 수단이 인생 자체가 되어버립니다.

회사의 직함은
동기가 되지 못한다

여태껏 일본 대기업에는 직급이 나뉘어 있어서 위로 올라갈수록 정보 접근이나 결재 권한이 늘어났습니다. 성과를 내기 위해서는 일정 수준의 경험 연수와 실적이 필요하다고 여겼기 때문입니다. 경영진이 회사 전체 상황을 파악하고 톱다운top-down 식의 지시를 내리므로 부장은 자기 부서의 일만 알면 되고 하물며 평사원은 그저 내려온 지시만 따르면 된다는 식이었습니다.

그러나 이제 이런 방식은 통하지 않습니다. 조직 전체가 정보를 공유하고 각 부서와 전 사원이 유연하게 움직이지 않으면 앞으로는 변화의 속도를 따라가지 못합니다. 실무자야말로 현장의 상황을 정확하게 판단하여 번뜩이는 아이디어를 내기 때문에 일일이 과장, 부장, 임원에게 결재를 올리지 않고 회사의 이념과 원칙에 비추어 현장에서 자율적으로 움직일 수 있는 조직이 더 강할 수밖에 없습니다.

수직적인 톱다운 형태에서 수평형으로 조직과 사회가 이미 바뀌고 있습니다. 수평형 조직에서는 기존 계급 사회의 상의하달 방식이 통용되지 않습니다. "내가 부장이니까 내 지시를 따라라"라고 명령하면 "왜 그래야 하나요?"라고 질문이 돌아올 뿐입니다.

수평형 조직에서는 무엇보다 누군가 가진 아이디어를 발굴하여 동료와 함께 커다랗게 만들어가는 힘이 요구됩니다. 그러려면 상대가 누가 됐든, 상사든 부하든 한 명 한 명과 인간적으로 원온원 커뮤니케이션을 취해야 합니다. 애초에 정답은 존재하지 않으므로 대화와 토론을 통해 모든 구성원이 각자 자신의 생각대로 움직일 수 있는 장소를 만드는 것이 관리자의 역할입니다.

아이큐가 아니라 편애가
경쟁우위를 만든다

도쿄대학교에서 AI를 연구하는 마쓰오 유타카 교수에 따르면 300년 전까지는 근력이 경쟁력이었다면 지금은 두뇌의 우수함, 그리고 앞으로는 '편애'가 경쟁우위를 만들 것이라고 합니다. 확실히 300년 전까지는 근력이 중요했습니다. 당시는 농사, 수렵, 가내수공업 중심이었으므로 장시간 육체노동이 가능한 사람, 무거운 것을 많이 옮기는 사람이 우수하다는 평가를 받았습니다. '힘이 센 마초=뛰어난 인재'였던 것입니다.

이윽고 근력은 지적 능력에 자리를 내주었습니다. 증기기관과 엔진의 등장으로, 무거운 것을 옮기거나 거대한 논밭을 경작하는 일은 기계가 대신했기 때문입니다.

육체노동을 잘하는 사람보다는, 공장에서 작업 기간을 조정하고 정해진 매뉴얼에 따라 업무를 수행할 수 있는 지능 높은 인재를 고용하는 편이 생산성 향상에 도움이 되었습니다. 그리고 지금, 두뇌 노동자는 AI로 대체되고 있습니다. 그러면 앞으로는 무엇이 경쟁우위를 만들까요? 그것은 '편애'입니다.

힘센 노동자 강철맨 존 헨리가 증기기관과 망치질 대결을 하다 지쳐 쓰러졌다는 미국의 전설 같은 이야기가 있습니다. 정답주의를 고집하며 AI와 같은 무대에서 승부를 내려고 하는 것은 증기기관차와 힘겨루기를 하는 것과 다름없습니다.

AI의 특기 분야에서 AI를 이기려고 하기보다 새롭게 손에 넣은 도구를 십분 활용하여 이제껏 불가능했던 일들을 즐기는 편이 현명합니다. 한 달에 수십만 엔이라는 인건비를 지불하지 않아도 수천 엔만 지불하면 AI가 작업을 해줍니다. 이런 변화의 흐름 속에서 '아니야. AI보다 내가 더 꼼꼼하게 회의록을 작성할 수 있어'라며 AI와 경쟁한들 의미가 없습니다. 증기기관차와 힘겨루기를 한 존 헨리의 말로를 떠올려보면 결과는 자명합니다.

너무 높아서 엄두가 나지 않는 계단

before

'똑똑한 머리' '경험' '센스'의 벽 앞에 마음이 답답하다.

계단이 절벽처럼 보인다.

어느새 가장 높은 곳까지 도달

after

챗GPT와 벽을 무너뜨린다.
챗GPT가 나에게 맞는 높이로 단을 맞춰준다.

가뿐히 올라간다. 다른 사람도 즐거워하니 점점 더 즐거워진다.

어느새 가장 높은 곳까지 도달한다.

제 8 장

평범한 사람도
꼭대기까지
오를 수 있다

뛰어난 기업가들의 공통점,
조각 퀼트 원칙

최근 경영학에서는 이펙추에이션effectuation이라고 불리는 이론이 주목받고 있습니다. 뛰어난 기업가 공통된 사고와 행동 프로세스로, 버지니아대학교의 사라스 사라스바티 교수가 제창한 개념입니다[이펙추에이션은 기업가가 의사결정을 내리는 하나의 논리를 말하는데 수중의 새 원칙, 감당 가능한 손실 원칙, 조각 퀼트 원칙, 레모네이드 원칙, 조종사 원칙, 총 5가지 원칙이 조화롭게 작용하는 복합적 기업가정신을 말한다]. 이펙추에이션에서 중요한 원칙 중 하나가 '조각 퀼트crazy quilt 원칙'입니다. 조각 퀼트란 패치워크의 패턴 중 하나로 크기나 형태, 모양이 다른 천 조각을 이어 붙여 작품을 완성하는 것을 말합니다.

처음부터 완벽한 사업 계획을 세워서 실행하는 것이 아니라 우선 '이런 것을 하고 싶다'라고 자신을 표현하고 행동함으로써 공감을 불러일으키고 다양한 연결을 만들어 그것을 조합해가며 새로운 사업을 창조해내는 원칙입니다.

스티브 잡스도 이런 방식으로 아이폰을 세상에 내놓은 것이 아닐까요? '애플이라는 회사를 세우고 컴퓨터를 만들었지만 사무실과 집에서만 사용할 수 있다는 게 불만이다. 언제 어디서나 사용하고 싶다. 하지만 통화만 가능한 휴대폰은 시시하다. 인터넷 검색도 하고 메시지도 보내고 사진도 찍고 음악도 듣고 동영상도 보고 싶다' 하고 자신의 생각을 표현하다 보니 주변에서 '이런 신기술이 있으니 사용해보면 어떨까요?' 하고 제안하는 사람이 생기지 않았을까요?

이에 대해 '더 직관적으로 조작할 수 있게' '스와이프로 확대와 축소를 할 수 있었으면 좋겠다'라고 스티브 잡스가 아이디어를 내면, 기술자가 열심히 개발에 힘쓰는, 그런 과정의 반복이 아이폰을 만들었다고 생각합니다.

생성형 AI로 조각 퀼트 원칙은 더욱 진화하고 있습니다. 일단 '이런 것을 만들고 싶다'라는 공만 던지면 이에 필요한 정보나 순서는 챗GPT가 인터넷에 연결된 80억 인구의 지혜를 총동원하여 찾아줍니다. 이뿐만 아니라 역사적 인물의 서적에 축적된 말 등 인터넷 공간에 존재하는 온갖 지혜가 내 편이 되어줍니다.

여기서 해야 할 일은 자신이 하고 싶은 일을 발견하고 의지의 불꽃을 유지하는 일입니다. 아무리 작아도, 불완전해도, '이런 것이 하고 싶다'라는 형태로 자신을 알리다 보면 그때까지 보이지 않던 것들이 보입니다. 그것에 공감한 사람들이 '나도 하고 싶다'라고 합류하며 동료가 생기면서 자신이 바라던 미래로 다가가게 됩니다. '이런 일이 하고 싶다'라는 자신의 생각이 누군가의 하고 싶은 일이 되어 점차 그 주변으로 확대되어갑니다.

그런 식으로 에너지가 확산되어 신상품을 구입하고 주변에 추천하는 충성도 높은 고객이 확보되면 과감한 투자도 가능해집니다. 그러면 미래가 현실화되는 속도가 한층 빨라지겠지요.

'이 일을 하고 싶다'라는 마음으로
시작하여 부자가 된다

라쿠텐대학교 학장 나카야마 신야에게 들은 이야기입니다. 지인 중에 직접 육아를 하다가 '이런 게 있으면 편하겠다'라는 생각에 포대기 수납 커버를 직접 만들었는데 주변의 호평을 받아 판매를 시작했고 입소문을 타서 사업화까지 하게 되어 경영자 자리에 오른 사람이 있다고 합니다. 기업가라고 하면 번듯한 사업계획서를 작성하고 필요한 자금과 인재를 완벽하게 갖춘 다음, '나를 따르라!'라고 외치며 리더십을 발휘하는 경영자를 떠올리기 쉽습니다. 그러나 앞으로는 그런 비범한 기업가보다 '평범한 사람이 자기가 좋아하는 일을 하다 보니까 어느샌가 동료가 생겨서 사업이 되었다'는 기업가가 훨씬 흔해질지도 모릅니다.

'짚대 부자'라는 일본의 전래동화가 있습니다. 처음에 짚대 한 자루만 가지고 있던 주인공이 짚대 끝에 등에를 매달고 걷다가 그 등에를 갖고 싶어 하는 아이를 만납니다. 그래서 그 짚대를 귤과 교환한 후 잇따라 물물교환을 이어가다 결국 엄청난 부자가 된다는 이야기입니다.

새로운 시대를 살아가는 우리에게 주인공의 짚대 한 자루는 '이것이 하고 싶다'라는 마음입니다. '이 일을 하고 싶다, 이것을 만들고 싶다, 무언가를 바꾸고 싶다'는 한 사람의 꿈에서 시작됩니다.

정답을 찾을 필요는 없습니다. 누군가에게 맞출 필요도 없습니다. '이것이 하고 싶다'는 마음은 자기 안에만 있으며, 자기 자신은 오직 한 사람뿐입니다. 지금까지 지내온 시간, 경험, 가치관은 저마다 다르기 때문입니다. 대화와 반성을 통해 '하고 싶은 일'을 발견하고, 거기서 의미를 창출할 수 있는 사람은 오직 나 한 사람밖에 없습니다. 그 마음에서 미래가 달라지기 시작합니다.

역산 사고의
속박에서 벗어나다

커리어 목표를 모르겠다며 고민하는 젊은이를 종종 만납니다. 솔직히 저도 저의 커리어 목표 같은 건 알지 못합니다. 커리어 목표를 찾지 못해서 불안해하는 이유는 애초에 존재하지 않는 것을 찾고 있기 때문일지도 모릅니다. 그 고민의 뿌리에는 '역산 사고'라는 강박관념이 자리합니다. 하지만 커리어와 인생은 역산 사고로는 계산할 수 없습니다. 시험공부, 다음 분기 매출 목표를 달성하는 데는 역산 사고가 도움이 되지만 커리어 목표나 인생은 다릅니다.

인생은 자신이 통제할 수 없는 환경의 변화, 예측할 수 없는 일들의 연속이기 때문입니다. 그렇다고는 하나

어디로 나아가야 할지 방향성을 모르는 채로는 걸음을 내디딜 수 없습니다. 그래서 임시 발판이 되는 목표가 필요한 것입니다.

일본의 IT 회사 디엔에이DeNA의 주력 사업은 원래 '비더스bidders'라는 옥션 사이트였습니다. 그러다 재빨리 모바일게임 시장에 뛰어들어 대성공을 거두며 지금은 연 매출 1천억 엔을 넘는 대기업으로 성장했습니다. 사업 방향을 전환하는 것을 피벗pivot이라고 합니다. 이처럼 비즈니스에서는 환경이 바뀌었을 때 재빨리 피벗할 수 있는 회사가 살아남습니다.

이와 비슷하게 개인의 커리어 목표와 관련된 '커리어 드리프트Career Drift'라는 개념이 있습니다. 여기서 드리프트는 '표류하다'라는 의미입니다. 큰 방향성만 정하고 임시 발판이 되는 목표를 정해 하나씩 나아가면서 중간에는 흐름에 몸을 맡기고 목표를 바꾸는 것입니다. 표류하듯 자연스러운 만남과 변화를 즐기다 보면 결국에는 커리어가 쌓여간다는 개념입니다.

이때는 '커리어 앵커Career Anchor'가 무엇보다 중요합니다. 앵커는 닻을 의미하지요. '나만의 속도로 일을 진행하고 싶다' '안정감을 중시하고 싶다' '사회나 타인에

게 도움이 되고 싶다'처럼 자신의 축만 확실하면 흐름에
몸을 맡겨도 방향을 잃지 않습니다.

수익화 수단은
나중에 따라온다

'이 일을 하고 싶다'라는 마음이 중요하다는 건 알지만 좋아하는 일만 해서는 먹고살 수 없을까 봐 걱정이 될 수도 있습니다. '현실에서 살아가기 위해서는 역시 하고 싶지 않은 일도 할 수밖에 없는 것이 아닐까'라는 의문이 들지도 모릅니다. 물론 좋아하는 일을 하다 보면 반드시 돈은 따라온다고 말하기는 어렵습니다. 실제로 많은 사람이 하고 싶지 않은 일을 하며 살아갑니다. 그러나 저의 경험에 비추어보건대, 사람이 모이는 곳에는 늘 돈이 모입니다.

애초에 야후!라는 회사는 창업자들이 자발적으로 자신에게 필요한 인터넷 디렉터리형 검색 사이트를 만든 것이 계기였습니다. 점차 이용자가 늘어 광고를 실으면서 수익을 내고 사업화가 된 것입니다. 다른 사람에게 고맙다는 말을 듣는 서비스를 만들거나 공감을 부르는 콘텐츠를 업로드하다 보면 수익화의 수단은 나중에 저절로 따라옵니다. 더욱이 요즘은 자신이 좋아하는 일을 수익화하기 쉬운 환경으로 계속 변해가고 있습니다. 유튜브처럼 인터넷상에서 개인의 콘텐츠와 광고를 연결하는 구조가 증가하고 있기 때문입니다.

음성 플랫폼 보이시에서 콘텐츠를 공유하는 진행자인 저는 방송을 거의 무료로 제공합니다. 하지만 일부는 프리미엄 콘텐츠로 유료 제공도 가능하고 방송에 후원사가 붙는 경우도 있습니다. 제게 보이시 방송은 수익화를 위한 것이 아니라 메시지를 전달하는 수단으로서 의미가 있습니다.

그런데 현장 강연을 가보면 보이시 방송을 잘 듣고 있다고 말씀하는 분이 적지 않습니다. 보이시의 홍보 효과를 고려할 때 장기적으로는 이 또한 수익과 연결이 되는 셈입니다. 호리에 다카후미나 히로유키[인터넷 기업가, 평론가이자 거대 익명게시판 사이트 2ch 설립자로 유명하다]처럼 소셜미디어에서 몇백만 명의 팔로워를 모으지 못하더라도 50명, 100명이라는 팔로워가 생기면 거기서 확대가 일어납니다. 그럼 자연스럽게 수익화할 기회가 따라오는 것입니다.

소셜미디어에서
팔로워를 늘리는 방법

팔로워를 50명, 100명까지 늘리려면 어떻게 해야 할 까요? 이에 대해서 후루카와 겐스케는 '정보Information →의견Opinion→일기Diary' 단계를 추천합니다. 이러한 순서를 고려하여 소셜미디어에 정보를 업로드하면 팔로 워를 모으는 데 도움이 된다는 것입니다. 인기 인플루언 서면 몰라도 팔로워가 거의 없는 시점에서는 어제 먹은 라면 사진만 올리면 아무도 관심을 보이지 않습니다. 처 음에는 다른 사람에게 도움이 될 만한 정보를 많이 올리 고 서서히 자신의 의견을 더해야 합니다. 공감해주는 사 람이 생기고 어느 정도 팔로워가 많아진 시점에서 '어제 먹은 라면 사진' 같은 일기 콘텐츠를 늘려가는 것이 좋습니다. 자세한 내용은 후루카와 겐스케의 note 페이지에서 확인할 수 있습니다. 최근 게시된 글은 아니지만 여전히 유용한 정보이므로 일독을 권합니다(https://kensuu.com/n/n5fb190adc878).

소셜미디어에 글을 게시할 때도 챗GPT는 든든한 조력자가 되어줍니다. 관심 있는 동영상을 소개하는 글을 쓰고 싶다면 앞서 살펴본 것처럼 챗GPT에게 "이 내용을 140자 이내로 요약해줘" 요청하여 바로 사용 가능한 텍스트를 생성할 수 있습니다. 블로그에 특정 주제에 대한 글을 쓴다면 "○○에 관해 기사를 쓰려고 해. 어떻게 구성하면 좋을까? 구성을 짜고 항목마다 200자 정도로 내용을 작성해줘. 중학교 1학년도 이해할 수 있도록 글의 난이도를 맞춰줘" 하고 입력하면 기초가 되는 글을 작성해줍니다.

정보를 내보내는 곳에 정보가 모입니다. 상당량의 정보를 제공하는 사람에게는 자연히 정보가 모여들며 선순환이 발생합니다.

우선 시작한 다음,
필요한 장비를 갖춘다

불확실한 미래라는 세계를 모험하려면 지도가 필요합니다. 그런데 지금은 변화의 속도가 너무 빨라서 지도를 그리는 사이에도 지형이 바뀌어버립니다. 이미 지도가 제 역할을 할 수 없는 시대가 도래했는지도 모릅니다. 이때 지도 대신 유용한 도구가 바로 챗GPT입니다. 정답주의 시대에는 만반의 준비를 마치고 여행을 떠나는 것이 상식이었습니다. 그러나 지금은 그런 준비보다 우선 한 발을 떼는 힘이 요구됩니다. 우선 걸음을 떼고 나아가봐야 길이 평탄한지 질퍽한지 알게 됩니다. 가다가 진흙탕이 보이면 그때 장화를 조달하면 됩니다.

정답을 찾는 동안에도 상황은 끊임없이 달라집니다.

그런 환경에서는 우선 한 발을 내디딜 만한 용기가 있는 사람, 길을 나아가면서 필요한 장비를 갖춰가는 사람이 성공합니다. 그 길에서 필요한 장비는 챗GPT가 조달해줍니다. 확신을 가지고 한발을 내디뎌야 비로소 동료와 조력자가 나타납니다.

'센스메이킹Sensemaking'이라는 경영 이론이 있습니다. 혼란스럽고 불확실한 미래 앞에서는 정답을 찾기보다 '이런 것이라면 고민 없이 앞으로 나아갈 수 있겠다'라고 관계자가 납득할 수 있는 선택을 하는 편이 결과적으로 성공하기 쉽다는 이론입니다. 미국 미시간대학교의 칼 웨익 교수가 제창한 개념으로, 와세다대학교의 이리야마 아키에 교수가 경영 잡지 〈하버드 비즈니스 리뷰〉 일본판에서 세계 표준 경영 이론 중 하나로 소개하기도 했습니다. 그런데 독자 설문 결과 해당 기사에서 소개된 약 30개의 경영 이론 중 가장 선호하는 이론으로 '센스메이킹 이론'이 뽑혔다고 합니다. 일본의 경영진도 정답 찾기가 아니라 '우선 한발을 내디딘 사람에게 보내는 공감'이 미래를 만드는 원동력임을 진작 알고 있다는 뜻입니다.

지그소 퍼즐이 아니라
레고를 만드는 마음가짐

지난 100년 동안 비즈니스 세계의 주류는 지그소 퍼즐과 같은 방식이었습니다. 그러나 생성형 AI의 등장으로 지그소 퍼즐은 레고에게 자리를 내어주었습니다. 지그소 퍼즐은 정해진 그림이 처음부터 정해져 있어서 필요한 조각을 하나씩 맞춰가며 완성작에 다가가는 방식으로 진행됩니다. 그러니 다른 사람을 이기려면 더 빨리 정확하게 작업해야 합니다.

하지만 레고는 다릅니다. 다양한 직사각형, 정사각형의 단순한 블록을 자기가 좋아하는 형태로 조합하는 방식입니다. 무엇이 완성될지는 아무도 모릅니다. 정답주의가 아닌 수정주의 시대에는 레고를 만들 때와 같은 자세가 필요합니다. 자신의 특기를 살려서 즐기며 레고를 조립해가는 본인조차 최종적으로 어떤 완성작이 나올지 모릅니다. 그저 매 순간이 즐거워서 집중하고 몰입할 뿐입니다.

그러는 사이 그 사람의 열정이 주변으로 퍼져 많은 사람을 끌어모읍니다. 그 열정은 당사자도 전혀 상상하지 못했던 먼 곳까지 퍼져나갑니다. 결과적으로 자신의 기쁨이 타인의 기쁨이 되는 것입니다. 시작점이 '해야 한다(must)'에서 '하고 싶다(want)'로 바뀌고 있습니다.

논리적 사고에서
가설적 추론의 시대로

지그소 퍼즐 방식에서는 논리적 사고가 중요했으나 레고 방식에서는 가설적 추론이라는 사고법이 중요해집니다. 가설적 추론이란 서너 개의 사실에서 그럴듯한 설명이나 가설을 도출한 다음, 검증하며 가설을 수정해가는 사고법입니다.

예전에는 신상품을 개발할 때 시간을 들여서 시장조사를 거듭하여 광대한 데이터를 분석한 다음, '시장에 이런 수요가 있지 않을까'라는 가설을 세워서 진행했습니다. 이것이 논리적 사고입니다.

그런데 AI의 진화가 이런 작업을 순식간에 가능하게 만들었으므로 이제는 쉴 새 없이 많은 수로 진격해오는 경쟁자를 상대해야 합니다. 기존의 10배속으로 체스 게임을 하는 것과 같습니다. 이럴 때는 추론으로 가설을 하나씩 끌어내며 제4장에서 언급했듯이 초특급 희귀 아이템이 나올 때까지 계속 뽑겠다는 자세가 필요합니다.

첫발을 내디딜 때 느끼는
불안은 자연스러운 일

정답 찾기를 멈추고 자신이 좋아하는 일, 하고 싶은 일을 하기 위해 한 발을 내딛는 데는 사실 불안과 고통이 따릅니다. 정답 찾기는 어떤 의미로 매우 단순합니다. 다른 사람이 말하는 정답을 따라가면 큰 실패도 큰 비난도 맞닥뜨릴 일이 없습니다. 그런 곳을 떠나 정답이 없는 세계로 뛰어드는 셈이니 불안하고 힘든 게 당연합니다. 게다가 처음에는 혼자 걸어가야 합니다. '내가 좋아서' '내가 하고 싶어서' 하다 보면 동료도 나타나지만 그러기까지는 시간이 조금 걸리기 마련입니다. 안타깝게도 많은 사람이 그 단계에서 좌절하여 예전의 정답주의 세계로 돌아가버립니다.

우수하다고 평가받던 사람일수록 기존 방식을 완전히 바꾸며 '안전지대'를 벗어나는 데 어려움을 겪습니다. 자신의 성공 패턴을 버리고 새로운 환경으로 뛰어들어 그곳에서 새로운 성공을 거두기까지는 아무래도 공백기가 생길 수밖에 없습니다. 지금껏 능력을 인정받았던 만큼, 새로운 환경에서의 공백기에 '요즘 소식이 뜸하다' '그 사람도 한물갔나 보다'라는 이야기를 듣게 됩니다. 그러면 '예전의 세계로 돌아가고 싶다' '예전의 성공 패턴이 유효했던 안전지대로 돌아가고 싶다'는 유혹이 밀려듭니다.

이솝 우화 중에 '여우와 포도' 이야기가 있습니다. 여우는 높은 곳에 달린 탐스러운 포도가 먹고 싶은데 아무리 점프해봐도 손이 닿지 않자 "저건 분명히 신 포도일 거야" 하고 투덜대며 자리를 뜹니다. 내가 높이 뛰어오르지 못하기 때문이라는 현실을 직시하고 싶지 않아서 저런 미래는 필요 없다고 부정함으로써 안정감을 느끼는 것입니다.

무엇이 옳은 선택인지는
아무도 모른다

안전지대를 벗어나면 누구나 다음 3단계 변화를 경험합니다. 불안, 고통, 배움의 기쁨입니다. 자신의 호기심을 자유롭게 풀어놓고 배우는 기쁨을 향해 나아가보세요. 걸음을 뗀 직후에는 힘들더라도 누구나 겪는 변화의 과정임을 명심하며 힘차고 담담하게 앞으로 나아가길 바랍니다. 불안과 공포의 터널을 빠져나가면 배움의 기쁨에 도달합니다. 그 감정은 당신이 새로운 세계에 무사히 도착했음을 의미합니다.

"용기를 내서 한 발을 내디뎠는데 정말 옳은 선택이었는지 불안합니다. 이대로 계속 가도 괜찮을까요?" 하고 고민을 털어놓는 사람들을 마주할 때마다 그들의 불안

감이 이해가 됩니다. 하지만 그 질문의 답은 아무도 모릅니다. 손정의 대표나 스티브 잡스에게 물어도 "모른다"고 대답하지 않을까요? 그래도 당신이 해보고 싶다라고 생각했다면 계속 나아가보세요.

불안에 휩싸이면 정답의 길로 돌아가고 싶어질지도 모릅니다. 하지만 분명한 건, 계속 지금처럼 정답에만 매여 있으면 결코 멀리까지 가지 못한다는 사실입니다.

좋아하는 일, 하고 싶은 일을 하면서 그런 자신을 표현해보세요. 이내 공감해주는 사람을 만나고 함께 걸어갈 동료가 생깁니다. 대단한 모험가가 아니라도 상관없습니다. 지금은 평범한 사람도 모험에 나설 수 있는 시대입니다. 이를 가능하게 만든 것이 챗GPT입니다.

불확실한 미래를 겁낼 필요는 없습니다. 끊임없이 변해가는 상황에 적응하며 행동을 수정하면 됩니다. 그 변화를 즐기며 '내가 하고 싶어서'라는 시작점에서 한 발을 내딛기를 바랍니다.